NEGRAS (IN)CONFIDÊNCIAS

Bullying, não. Isto é racismo.

NEGRAS (IN)CONFIDÊNCIAS

Bullying, não. Isto é racismo.

Mulheres negras contribuindo com as reflexões sobre a Lei 10.639/03

Organizadoras:
BENILDA BRITO e
VALDECIR NASCIMENTO

MAZZA edições

NEGRAS (IN)CONFIDÊNCIAS
Bullying, não. Isto é racismo.

1ª reimpressão - 2021

Coordenação editorial
Maria Mazarello Rodrigues

Capa, projeto gráfico e diagramação
Sylvia Vartuli

Revisão
Elisa Fonseca e Silva

N385 Negras (in)confidências. Bullying, não. Isto é racismo. Mulheres negras contribuindo para as reflexões sobre a Lei 10.639/03 / organizadoras: Benilda Brito e Valdecir Nascimento.- Belo Horizonte : Mazza Edições, 2013.

128 p.

ISBN: 978-85-7160-623-4

1. Discriminação – Mulheres Negras. 2. Racismo -Escola. 3. Reflexões - Lei 10.639/03 I. Brito,Benilda. II. Nascimento, Valdecir. III. Título.

CDD: 305.8
CDU: 323.12

Mazza Edições Ltda.
Rua Bragança, 101 - Pompeia
30280-410 Belo Horizonte - MG
Telefax: (31) 3481-0591
pedidos@mazzaedicoes.com.br
www.mazzaedicoes.com.br

À

Beatriz Nascimento, Lélia Gonzalez, Lídia Avelar,
Carolina de Jesus, Helena Pena, Mamãe Maria José Nascimento,
vovó Benigna, Mamãe Zaíra Maria.

SEMPRE PRESENTES!

SUMÁRIO

PREFÁCIO

Marília Carvalho Soares

PREFACIAR o presente livro colocou-me diante de algumas inquietações. Sendo psicanalista, negra e educadora, ler as histórias dessas mulheres, que se dispuseram a revisitar suas infâncias, compartilhando suas experiências, fez-me pensar, retomar a teoria, mas não somente esta. Coloquei-me, mais uma vez, diante da minha própria história de vida, da menina negra que fui, desta que segue aqui, presente. Considerando que a formação psicanalítica tem esse pré-requisito fundamental, o da análise pessoal, fez parte deste percurso de tornar-me psicanalista ressignificar e reescrever a minha própria história. A teoria ganha sentido por meio dessa longa e rica experiência a que nos submetemos.

As histórias contadas neste livro trazem em si o mito de cada uma dessas mulheres negras que se dispuseram a compartilhar, por meio desta coletânea, suas vivências. Trata-se mesmo de uma experiência terapêutica, ao dar voz ao que, em geral, permanece no silenciamento. O convite feito a elas demandava o relato de experiências de racismo nas suas infâncias. Todas educadoras, aqui convidadas a viajar de volta, revisitando um passado não menos presente ao se atualizar sob a forma de um texto, narrativa que sustenta a existência de cada uma dessas mulheres. Trata-se de registros da condição de crianças negras espalhadas pelo nosso país, nas suas escolas e comunidades.

Considerar a qualidade de mito presente nas produções deste livro não corresponde a tratá-las como irreais, mas como ficções produzidas por cada um de nós, a todo tempo, através dos discursos que nos permitem acessar o real, impossível de ser traduzido de outra forma. Desse modo, a referência ao mito pessoal se sustenta por reconhecer, com base na Psicanálise, que cada sujeito articula significantes ao longo de suas vidas, buscando, assim, solucionar impasses e impossibilidades através destas narrativas. A relação com o mundo, antes especular, é então transposta para o simbólico na medida em que o mito pessoal vai sendo construído.

As meninas negras que se apresentam por meio dos escritos dessas mulheres presentificam questões relativas ao gênero e à raça. Autoestima, narcisismo, identificações, timidez, dentre outras noções possíveis de serem utilizadas para contribuir com a interpretação a que me dediquei, podem ser lidas nos diferentes relatos aqui contemplados. O que se repete? Estive atenta a tal aspecto, lendo, a partir do meu lugar de psicanalista, interpretando as palavras que ressoavam, mesmo que na escrita, no efeito do texto, na intenção ali presente.

A compulsão à repetição é discutida por Freud em seu texto "Recordar, repetir e elaborar" (2006a). O que se repete nos contos aqui contemplados aponta para as cicatrizes narcísicas, perda de amor, aparentes fracassos vivenciados através dos discursos e experiências raciais. Numa relação especular, as crianças se veem através das imagens desqualificadoras construídas por suas professoras, por seus pares, pessoas com quem convivem. Tendem a repetir, submetendo-se, desse modo, a uma conformação egoica que constitui uma baixa autoestima.

Recordar traz consigo a possibilidade de refletir acerca de tais repetições. Trata-se de revisitar lembranças, experiências infantis remotas, carregadas de afetos, evocando fragmentos da vida real. Assim, de forma análoga a uma psicanálise, as mulheres que trazem aqui suas memórias têm uma oportunidade de se reconciliarem, de forma compartilhada, com um material reprimido. A transferência, vínculo construído com o psicanalista, aqui se fez de forma particular, numa intenção de lidar com o sintoma coletivo que representa o racismo em nossas relações sociais.

E foi na intenção de romper com os silêncios que ainda operam entre nós, mesmo após a implementação da Lei nº 10.639/03[1], que essas mulheres nos trouxeram em seus escritos marcas do racismo no período escolar. Foram elas remetidas às suas crianças, racismo presente nas suas memórias, na busca por retomar, reescrever, ressignificar experiências singulares, mas também compartilhadas.

Singular e compartilhado, individual e coletivo. É neste entremeio que se articula o fenômeno do racismo, contemplando os planos sociológico e psíquico. O que se apresenta sob a forma de sofrimento, configurando-se de maneira peculiar para esses sujeitos, traz consigo os registros de processos produzidos numa dinâmica sócio-histórica, compartilhados. O singular e o plural se enodam de tal modo, que já não se pode pensar que uma dessas histórias aqui relatadas pertença apenas àquela que nos conta, mas a todos nós que compartilhamos afetos pertinentes às nossas relações raciais.

---

1. A Lei Federal nº 10.639/2003 alterou a Lei de Diretrizes e Bases da Educação Nacional – LDB 9394/96, e o parecer CNE/CP 003/2004, que institui as Diretrizes Curriculares Nacionais para a Educação das Relações Étnico-Raciais e para o Ensino de História e Cultura Afro-Brasileira e Africana, constituindo uma linha divisória, segundo Moore (2008), na política educacional brasileira.

Dar voz às angústias, dores, preconceitos, estereótipos e estigmas vivenciados por meio do racismo é traduzir, denominar, o que durante muito tempo pareceu-nos impossível de ser transposto para este universo das palavras. Romper com os silêncios é fazer uma travessia não menos sofrida, como nos foi relatado por algumas das mulheres aqui representadas nesta obra. Estamos caminhando no sentido de traduzir sintomas, reconhecendo e simbolizando o que durante gerações se manteve oculto, aparentemente esquecido, afastados da memória mais imediata. O silêncio produz sintomas, mas esses conteúdos recalcados retornam e demandam tradução.

Muitos relatos trazem a palavra silêncio repetidas vezes. Parecem diversos os silêncios aos quais elas se referem. Às vezes, bastante barulhento, assustado, sufocado. Uma das autoras conclui seu texto com a frase: "Luto todos os dias para refazer a jornada e reencontrar meus amigos e amigas". Lutar pode nos fazer pensar na resiliência tão discutida nos estudos acerca de mulheres negras atualmente. Elas conseguem se refazer e ter sucesso em suas caminhadas, apesar das adversidades. Mas também se pode refletir acerca do luto, das perdas e desencontros aos quais a autora se refere. No luto há sempre a sombra do objeto perdido. Superar essa perda e reconectar-se com a vida corresponde a afastar-se dos sentimentos ambivalentes característicos de um luto tido como normal por Freud (2006b), tendo de volta a libido e a satisfação narcisista do eu.

Outra autora diz romper com o silêncio através da leitura e da escrita, fazendo-se escritora, resistindo ao seu modo contra o que parecia se impor como um limite ao seu desejo de ser. Escrita e memória se articulam como uma possibilidade de transformação, palavras que se fazem ato, aprendendo e ensinando o amor, como nos diz a autora.

Sabe-se o quanto as experiências e palavras escutadas na infância são estruturantes, revelando-se constitutivas. Os discursos enunciados por colegas, professores, por meio de livros, de histórias contadas, pela vizinha ou na igreja podem propiciar ou não a valorização das múltiplas identidades que integram a identidade do povo brasileiro. Por meio de processos identificatórios, as crianças apropriam-se de suas vivências na escola e estruturam-se na medida em que são mais ou menos aceitas, consideradas, escutadas e/ou silenciadas pelos educadores e nas interações com seus pares.

"A identificação é conhecida da psicanálise como a mais precoce manifestação de uma ligação de sentimentos com uma outra pessoa" (FREUD, 2006c, p.115). Trata-se de um lento, estruturante e importante movimento entre o eu e o outro, contemplando a capacidade de ocupar diferentes posições psíquicas.

Para além, ou mesmo aquém, do psiquismo humano, nesse espaço de diálogos e conexões que nos empenhamos em construir, podemos considerar que os processos de identificações contemplam o colocar-se diante do dentro/fora, nós/outros, num espelho que por vezes inverte a imagem, mas que constrói relações fundamentais, ou mesmo fundantes, entre o indivíduo e o social.

Sabe-se que o racismo não se manifesta somente pela via do discurso verbal. Com frequência, o que comunica aquilo que a palavra não poderia dizer são os gestos, olhares, brincadeiras, ações que pronunciam um vasto repertório capaz de (re)produzir marcas subjetivas nas crianças em seu convívio escolar. Diz-nos uma das autoras: "Cresci com a impressão de que as pessoas brancas eram mais que nós, pessoas pretas. Mais bonitas, mais limpas, mais reais/normais com um mundo diferente. Na escola eu me emparedava nos cantos para fugir de um xingamento, um apelido, uma piadinha".

Quando se referem às situações de brincadeira, piada e xingamento pode-se refletir acerca do riso como aquilo que corresponde, em termos econômicos, a uma descarga psíquica, gerando prazer. Mas para aquela que é alvo da piada, a vivência é, seguramente, de extremo desprazer. Muito comumente, crianças com baixa autoestima, em geral meninos negros, esforçam-se por ser o divertido do grupo. Conseguir a risada dos colegas pode corresponder à conquista, ao menos momentânea, do falo da comédia. Desejar ser enxergado, reivindicar um olhar, estas são demandas comuns às crianças e elas fazem muitas manobras pela conquista de atenção, pelo desejo de existir para o outro, já que somente desse modo ela pode existir para si mesma.

As crianças negras insurgem-se nas escolas por meio de duas modalidades fundamentais de comportamentos: a timidez ou a indisciplina (OLIVEIRA, 2007). É evidente que entre esses dois polos estão localizadas cada uma das crianças negras, com suas particularidades. No entanto, do ponto de vista dos estigmas construídos em torno desses pequenos, podemos reconhecer que muitas se voltam para dentro, encerrando-se em si mesmas – as tímidas – e outras se voltam para fora e querem revidar – as indisciplinadas.

Retomando o viés da Psicanálise, a brincadeira, o chiste e a piada podem corresponder a manifestações do inconsciente. O que comumente é permitido por se tratar de brincadeira é aqui interpretado como retorno do recalcado. Assim, o racismo manifestado por brincadeiras das crianças corresponde ao sintoma, a conteúdos inconscientes que ganham voz por meio dessas práticas jocosas, quando se chama uma menina de macaca, ri do penteado da outra, canta-se uma música da "nega preta do sovaco fedorento".

Bauman e May (2010, p. 65) consideram que "a gargalhada, porém, é amarga quando o humor mascara a aflição". E é neste viés que seguimos e ampliamos nossa mirada com relação à brincadeira. Vê-se que as piadas têm aparentemente como base a imagem; o corpo da menina negra e seu cabelo ganham importância significativa.

A linguagem desempenha um papel fundamental no que diz respeito às ações educativas sobre o corpo. Cada sociedade desenvolve à sua maneira certa pedagogia corporal. Trata-se de um processo cultural, no qual a educação constrói corpos marcados pela linguagem por meio de valores próprios a cada cultura. As crianças aprendem desde cedo sobre os controles esfincterianos, o jeito de comer, usar os talheres e também sobre o que representa o belo, o feio, o superior, o inferior. Assim, vamos iniciando esses pequenos, introduzindo-os numa cultura desde os primeiros anos de vida. Neste contexto, o corpo negro pode ser tomado de diferentes formas. Constituindo-se como símbolo, "pode ser visto como o corpo guerreiro, belo, atuante, presente na história do negro da diáspora, e não como o corpo do escravo, servil, doente e acorrentado como lamentavelmente nos é apresentado em muitos manuais didáticos do ensino fundamental" (GOMES, 2003, p. 81).

A importância das construções em torno do belo contemplam concepções estéticas submetidas a padrões etnocêntricos. Nossos sentidos são então invadidos por classificações, conceitos de beleza quase sempre rígidos. Aos corpos são atribuídos valores, e a educação tem fundamental importância nessa transmissão. "É a autoridade estética branca que define o belo e sua contra parte, o feio, nesta sociedade classista, onde os lugares de poder e tomada de decisões são ocupados hegemonicamente por brancos" (SOUZA, 1983, p. 29).

Os modelos pelos quais nos constituímos correspondem a exigências sociais. Carregado de ideais, esse modelo é o Ideal de Eu, segundo Souza (1983), um registro simbólico que estrutura o sujeito psíquico. A questão mais difícil é reconhecer que esse Ideal de Eu é branco e, por este motivo, impossível de ser alcançado. Daí que pessoas negras encontram-se, muito comumente, diante do sofrimento próprio a essa negação que se impõe como regra básica. Uma rejeição comum nas falas de pessoas negras que se permitem dizer sobre sua relação com seu corpo e sua história.

Lacan (1986) fornece contribuições importantes às reflexões acerca da relação do sujeito à sua imagem, afirmando ser o estágio do espelho mais que uma etapa do desenvolvimento humano, constituindo-se como base para a construção do eu, por meio de uma imagem primeva, um protótipo. Na relação entre simbólico, imaginário e real, o "jogo recíproco dos três grandes termos" se estabelece (LACAN, 1986, p. 89).

O corpo é vivido em sua dimensão real – corpo sentido –, simbólica – corpo significante – e imaginária – corpo visto. Um corpo que amamos ou rejeitamos, envolto por trocas afetivas, eróticas, sociais e inconscientes. Em cada um dos registros abordados, a estética poderá ser contemplada em seus diferentes aspectos. Freud faz uma incursão pela estética em seu texto *O Estranho* (2006 d). Este trabalho de Freud serviu de base para algumas produções em Psicanálise sobre racismo.

"Só raramente um psicanalista se sente impelido a pesquisar o tema da estética, mesmo quando por estética se entende não simplesmente a teoria da beleza, mas a teoria das qualidades do sentir." (FREUD, 2006d, p. 237). O autor destaca que este não seria um tema de interesse para psicanalistas, mas, ocasionalmente, deveria motivá-los, pois o que é assustador, provocando medo e horror, corresponde ao estranho, tema pertinente à Psicanálise e articulado às reflexões relativas ao racismo por meio desta abordagem.

A natureza desconhecida do estranho dialoga estreitamente com o familiar, contemplando tal ambivalência. É tudo que deveria ter permanecido secreto e oculto, mas veio à tona. Um exemplo trazido por Freud corresponde às coisas ou pessoas que se mostram aí, entre um objeto, um boneco, um autômato ou um ser humano. Neste sentido, cabe recuperar algumas leituras relativas à história dos africanos escravizados aqui no Brasil. Tidos como objetos, os negros foram comumente fragmentados, tomados em suas partes. Seus corpos eram apreciados separadamente, ou mesmo desqualificados deste modo: cabelo, dentes, nariz, pênis.

O trabalho de Souza (1983) é excelente na avaliação relativa ao corpo, permitindo-nos observar como negros buscam corporificar os ideais do homem branco, levando-os a desejar e projetar um futuro que aponta para a sua anulação – o embranquecimento. De acordo com a autora, os negros muito comumente rejeitam sua conformação física, buscando alcançar características que os aproximem do branco. É com hostilidade que falam do "cabelo ruim", do "nariz chato e grosso", da "bunda grande" ou do "beiço grosso".

Frequentemente o negro estabelece com o corpo uma relação persecutória, uma vez que esse representa o grande obstáculo à realização de uma "identidade branca" que foi obrigado a aceitar, segundo a autora. Tais estereótipos, somados àqueles relacionados à virilidade, emoção e violência, carregam o corpo negro de predicados negativos. Deste modo, corpo, imagem e beleza são importantes significantes a serem incluídos nesta reflexão, apontando para as discussões acerca da branquidade.

Tenho pensado o racismo como um sintoma que afeta o negro não apenas no plano sociológico, mas também no plano psicológico. Haveria aí uma dialética que envolve a experiência psíquica de cada sujeito e o fenômeno racista em sua totalidade. O racismo é um sinal de mal-estar na civilização cujos efeitos o psicanalista acolhe em seu consultório sob a forma de sintoma, que se situa em uma zona de interseção entre o mais singular, o mais íntimo de um sujeito, e o discurso universal no qual ele se inscreve. Somada às experiências como educadora, a escuta clínica que venho realizando ao longo dos últimos oito anos, faz-me refletir sobre a violência da discriminação e seus efeitos psíquicos.

O sintoma ao qual me refiro difere do pensado pela medicina. Este último corresponde a uma afirmação sustentada por meio do saber médico, enquanto o sintoma analítico aponta para uma questão, um enigma, reconhecendo o sujeito como único, particular. Tal concepção considera o sintoma como uma repetição, necessitando ser lido como simbólico.

"O sintoma social é formado por sujeitos que ocupam lugares distintos em sua estruturação" (SOUZA, 1991, p. 82). Pensar o racismo é, necessariamente, refletir acerca da violência sofrida pelos negros. A violência racista ultrapassa o campo do indivíduo, ampliando-se para a dimensão psicossocial. Daí a necessidade de apontarmos para a sintomática social à qual o racismo nos remete. A identidade de uma pessoa estrutura-se "[...] a partir de imagens e palavras, representações e afetos que circulam incessantemente entre a criança e o adulto, entre o sujeito e a cultura" (COSTA, 2003, p. 138).

A leitura desta obra nos possibilita compreender e analisar as interações dialéticas relativas ao racismo como sintoma individual, no que diz respeito às particularidades de cada narrativa, de cada experiência pessoal, mas também se amplia ao social, considerando as relações raciais entre esses sujeitos no contexto mais amplo.

Silêncios vêm sendo rompidos e novas vozes ocupam espaços antes engendrados por barulhos ensurdecedores. A impossibilidade de filhos, netos e tantas gerações subsequentes falarem sobre as memórias e também sobre as contínuas práticas racistas, que se reproduzem ao longo do tempo, promoveram consequências em nossas relações raciais.

Referências

BAUMAN, Z.; MAY, T. **Aprendendo a pensar com a sociologia.** Rio de Janeiro: Zahar, 2010.

COSTA, J. **Violência e Psicanálise.** Rio de Janeiro: Graal, 2003.

FREUD. **Recordar, Repetir e Elaborar.** Edição Standard Brasileira das obras psicológicas completas de Sigmund Freud. Rio de Janeiro: Imago, 2006a. v. XII.

______. **Luto e Melancolia.** Edição Standard Brasileira das obras psicológicas completas de Sigmund Freud. Rio de Janeiro: Imago, 2006b, v. XIV.

______. **Psicologia de grupo e análise do eu.** Edição Standard Brasileira das obras psicológicas completas de Sigmund Freud. Rio de Janeiro: Imago, 2006c, v. XVII.

______. **O estranho.** Edição Standard Brasileira das obras psicológicas completas de Sigmund Freud. Rio de Janeiro: Imago, 2006d, v. XVII.

GOMES, N. L. Cultura negra e educação. **Revista Brasileira de Educação,** Rio de Janeiro, n. 23, p. 75-85, maio/ago. 2003.

LACAN, J. **O seminário, livro 1:** os escritos técnicos de Freud. Rio de Janeiro, Zahar, 1986.

MOORE, C. **A África que incomoda:** sobre a problematização do legado africano no quotidiano brasileiro. Belo Horizonte: Nandyala, 2008.

NÁSIO, J. D. **Meu corpo e suas imagens.** Rio de Janeiro: Zahar, 2009.

OLIVEIRA, L. Tímidos ou indisciplinados. In. SANTOS. G. (Org.) **Coleção Percepções da Diferença:** negros e brancos na escola. Ministério da Educação, São Paulo, 2007.

SOUZA, N. S. **Tornar-se negro:** as vicissitudes da identidade do negro brasileiro em ascensão social. Rio de Janeiro: Graal, 1983.

SOUZA, O. Reflexões sobre a extensão dos conceitos e da prática psicanalítica. In: ARAGÃO, L; CALLIGARIS, C.; COSTA, J.; SOUZA, O. (Orgs.). **Clínica do social:** ensaios. São Paulo: Escuta, 1991. p. 75-92.

MARÍLIA CARVALHO SOARES é graduada em Psicologia pela Universidade Federal da Bahia (1998) e Mestre em Estudos Étnicos e Africanos pela mesma Universidade, realizando a pesquisa intitulada "Relações Raciais e Subjetividades de Crianças em uma Escola Particular na Cidade de Salvador", tendo por objetivo identificar o modo como as significações do racismo inscrevem-se psiquicamente nas crianças, produzindo a dimensão simbólica do corpo negro e o ideal imaginário de brancura. Vinculada ao programa "A Cor da Bahia através do Programa de Pesquisa e Formação sobre Relações Raciais, Cultura e Identidade Negra na Bahia", na linha de pesquisa "Narrativas sobre o racismo e o antirracismo no Brasil". Desenvolve a clínica psicopedagógica e psicanalítica com crianças e adultos desde 2004. Em 1999, iniciou seu percurso em educação, realizando a docência atualmente na Faculdade Montessoriana, onde também é responsável pelo Núcleo de Apoio ao Estudante.

A maior armadilha do racismo
é a negação de nossa identidade,
e a maior estratégia de combate ao racismo
é a afirmação de nossa identidade.

Por isso, a luta contra o racismo
é uma luta de todos que acreditam
ser possível escrever uma nova história.

Benilda Regina

APRESENTAÇÃO

Benilda Regina Paiva de Brito
Valdecir Nascimento

> "Eu sabia que era negra por causa
> dos meninos brancos na escola.
> Quando brigavam comigo diziam:
> - *Negrinha! Negrinha fedida.*"
> (Carolina de Jesus, in *O Diário de Bitita*.1986: 91-92)

O BRASIL foi a segunda maior nação escravista da era moderna. Foi o último país do mundo ocidental a abolir a escravidão (1888). Foi o penúltimo país da América a acabar com o tráfico de escravos (1850) e foi ainda o maior importador de negros, na condição de escravos, de toda a história do tráfico de escravos.

Somos hoje uma sociedade multirracial composta também de pessoas de origem étnica europeia, ameríndia, asiática, sendo este o segundo país de maior população negra. Segundo o IBGE, no censo de 2010, os afrodescendentes ou negros (pessoas que se autodeclaram pretas + pardas) eram 97 milhões, constituindo mais da metade da população brasileira.

Mesmo com tamanha presença populacional negra, antes e pós-escravidão brasileira, não encontramos nenhum registro de propostas de inclusão dessa população "ex-escrava" na sociedade. Ao contrário, encontramos registros de leis, tratados e decretos que garantem e legitimam o não acesso à cidadania, como a proibição da entrada de negros no sistema educacional brasileiro. Tudo envolto num profundo e estarrecedor silêncio.

Este silêncio só não se cristalizou devido às denúncias insistentes, à mobilização, à organização de ações políticas e culturais que o **Movimento Negro** fez ecoar aos quatro cantos do país, dando visibilidade às múltiplas esferas do cotidiano da comunidade negra – cotidiano este marcado pelo racismo, pela discriminação racial, pelo preconceito, pela violência e pelas desigualdades econômicas e sociais. O **Movimento Negro**, nesse processo constante de afirmação da sua identidade política, tornou-se sujeito de sua própria história, exigindo do estado brasileiro a implantação de políticas de ações afirmativas de combate ao racismo.

Em janeiro de 2003 – após grande mobilização do **Movimento Negro** –, o então presidente, Luiz Inácio Lula da Silva, sancionou a lei 10.639/03, que modifica a LDB – Lei das Diretrizes e Bases da Educação Brasileira que trata da obrigatoriedade do ensino da história e da cultura africana, nos currículos escolares, por entender ser a escola palco privilegiado para afirmação ou combate do racismo. É sabido que é na escola que se estrutura a ideologia etnocêntrica, fundada nos valores civilizatórios ocidentais, que nega a diversidade cultural brasileira, produzindo, a ideologia do embranquecimento.

Entretanto, no cotidiano das nossas escolas, historicamente, prevalece a cumplicidade à perversidade pela violência e exclusão, que são rituais pedagógicos oficializados em um currículo insistente em não respeitar a diversidade étnico-racial.

Nos últimos anos – para o tratamento das múltiplas consequências geradas em função da deficiência do currículo escolar, tornou-se comum o emprego do termo *bullying* (do inglês *bully*, tiranete ou valentão), que é utilizado para descrever atos de violência – física ou psicológica, intencional e repetida – praticados por um indivíduo ou grupo de indivíduos, causando dor e angústia, e executadas dentro de uma relação desigual de poder.

Em alguns casos de ocorrência de *bullying*, as pessoas são simultaneamente vítimas e agressores, ou seja, cometem agressões justamente por serem vítimas de algum assédio, especialmente no universo escolar. Nas escolas, a maioria dos atos de *bullying* ocorre fora da visão dos adultos e grande parte das vítimas não reage nem fala sobre a agressão sofrida.

Sendo o racismo uma ideologia baseada na superioridade de uma raça ou etnia sobre a outra, a agressão racial não pode ser confundida com o *bullying*, embora ambos constituam formas de violência. Enquanto o *bullying* inferioriza, o racismo desumaniza. A violência racial resulta em prejuízos irreversíveis, como veremos nos relatos. Trata-se de violência gratuita, cruel, repetitiva e intencional. O racismo agrava a condição da vítima, somando à cor da pele os mais variados preconceitos em relação à classe social, orientação sexual, religião, sexo, estética etc.

Ainda que as vítimas de racismo procurem ajuda da escola, ou sofram o agravo na presença dos adultos – muitas vezes cometidos pelos próprios profissionais da educação – ou reajam à violência racial, a solidão e o silêncio institucional ratificam a violência. É o que observamos nos relatos desta obra, que permite diferenciar o racismo do *bullying*.

Hannah Arendt nomeou de "banalização do mal" a incapacidade de se manifestar reações de indignação, cólera e solidariedade face ao sofrimento alheio. Essa banalização tem mantido o racismo em alta, em várias esferas sociais brasileiras.

Assim, esta publicação é mais uma das inúmeras iniciativas de ativistas do **Movimento Negro Brasileiro,** que ao longo dos últimos trinta anos vêm denunciando os efeitos provocados pelo racismo, na escola. Ressalta-se que a lei 10.639/03 é resultado de estudos, pesquisas, congressos e seminários realizados, durante décadas, por organizações negras atentas aos impactos produzidos pelo racismo nas crianças. Elas apontam a necessidade de inclusão da "História da África e cultura afro-brasileira" nos currículos escolares, com a perspectiva de mudança de mentalidade do povo brasileiro.

Dez anos após a aprovação da Lei, as inquietações permanecem, pois os órgãos competentes em assegurar a sua implementação, negligenciaram na sua responsabilidade. Os conflitos e as práticas racistas permanecem intocáveis. Poucas foram as iniciativas para introdução da "História da África e cultura afro-brasileira" nos currículos da rede de ensino, o que provoca uma grande frustração de educadoras negras, que vêm batalhando para ver expressa no cotidiano da escola a pluralidade que nos é peculiar e que tanto é cantada em versos e prosa. Mas, no espaço aonde ela deve se efetivar, percebemos grande resistência pedagógica e ideológica de lidar com essa pluralidade.

A comunidade escolar "cega" insiste em afirmar que não é necessária uma nova abordagem pedagógica e nem uma nova metodologia do conhecimento. Tampouco uma releitura da história e das informações construídas e repassadas no cotidiano das escolas públicas e privadas brasileiras. Muito menos uma revisão nos conteúdos que continuam reproduzindo conhecimentos e reafirmando práticas que reforçam os estereótipos racistas, sexistas e homofóbicos, perpetuando uma formação escolar subalterna.

Um dos grandes exemplos é a resistência acadêmica e intelectual brasileira que insiste em manter e distribuir publicações com conteúdo de evidente veiculação de estereótipos racistas a exemplo da *Caçada de Pedrinho*, de Monteiro Lobato, no qual a personagem negra é comparada a uma macaca. Sem dúvida, ao olhar dos brancos essas cenas não produzem prejuízos para eles, porém sabemos do efeito negativo que essas informações produzem na autoestima da criança negra.

Ao compreendermos que a escola é o espaço de construção do conhecimento, da reflexão sobre conceitos e princípios, e o local onde são forjadas as ideias e estruturado o pensamento, ratificamos insistentemente ser esse o espaço ideal e capaz de mudar o olhar, as práticas preconceituosas e discriminatórias rumo à modernidade.

Por isso, resolvemos, nesta publicação, revelar os efeitos da prática racista na vida escolar de algumas mulheres negras, ainda ontem crianças, que concordaram em abrir essa janela na sua memória dolorida da infância. Sem compreender ainda o que estava acontecendo e para dar continuidade à vida, elas precisaram muito cedo ser fortes e persistentes, diante da violência do racismo, e forjaram a resistência dos seus ancestrais.

"Negras (in)confidências – *Bullying*, não. Isto é racismo" inova, na medida em que relata histórias de vida. Não é ficção, são vivências cotidianas de racismo na escola, que deixaram marcas profundas e foram trancadas a sete chaves na gaveta da memória. Ao revisitá-las, ainda se percebem as marcas vivas.

Não há dúvida de que essas práticas perversas e nocivas continuam sendo reproduzidas e precisam ser extirpadas da escola, pois, só assim reduziremos a evasão escolar, o extermínio da juventude negra, o baixo rendimento, os excessos de timidez e formaremos cidadão e cidadãs capazes de transformar a sua realidade.

É com Carolina de Jesus, mulher negra, favelada, mineira, que homenageamos as inúmeras mulheres negras brasileiras sobreviventes do racismo, reafirmando bravamente o orgulho da sua identidade racial, de seus filhos, netos, bisnetos, tataranetos: *"Olhei as minhas mãos negras, acariciei o meu nariz chato e o meu cabelo pixaim e decidi ficar como nasci..."* (1986: 135, in *O Diário de Bitita*).

BENILDA REGINA PAIVA DE BRITO é de Belo Horizonte/MG. Estudou Pedagogia, especializou-se em Psicopedagogia, Políticas Públicas e Direitos Humanos. É militante do Movimento Negro e feminista, desde a década de 80. Mãe de Addaê Abaré, Alayê Imirá e Ayana Odara, Avó de Enan Miguel, coordenou o Nzinga – Coletivo de Mulheres Negras de Belo Horizonte e mantém sua dedicação incansável na luta contra o racismo, a homofobia e todas as formas de preconceito e discriminação. Mestranda em Gestão Social/CIAGS – UFBA, coordenadora do Programa de Direitos Humanos do ODARA – Instituto da Mulher Negra e membro do Grupo Assessor da Sociedade Civil da ONU Mulheres.

VALDECIR NASCIMENTO é soteropolitana, historiadora e mestre em Educação e Contemporaneidade. É ativista do Movimento Negro desde 1981 (MNU). Foi coordenadora executiva do CEAFRO – Profissionalização para Jovens e Adolescentes Negros de Salvador. Foi também Superintendente Estadual de Políticas para as Mulheres do Estado da Bahia. É consultora do PNUD, Direitos Humanos, Relações Raciais e de Gênero, coordenadora executiva do ODARA – Instituto da Mulher Negra e conselheira do CNPPIR e Professora da Universidade Federal do Recôncavo Baiano (UFRB).

Foi a partir da assinatura da Lei 10.639/03 que a nossa realidade editorial, na batalha contra o racismo e o preconceito, começou a mudar.

Mas, ao analisarmos o resultado 10 anos depois, veremos que a caminhada ainda é penosa, as barreiras existem e derrubá-las demandará um longo tempo.

Maria Mazarello Rodrigues
Diretora da Mazza Edições

O DIA EM QUE EU CONSEGUI SER NOSSA SENHORA

Cláudia Nascimento

TINHA muita vontade de representar Nossa Senhora na Semana Santa. Como é uma só criança por vez, demorava muito tempo e eu permanecia todo ano com o nome na lista. Certo ano, o padre resolveu fazer as "sete dores de Maria". Pensei logo que chegara a minha vez, pois precisariam de sete moças e fui me inscrever. Mas a coordenadora disse que eu não poderia ser, pois era negra; só em outubro, na festa de Nossa Senhora Aparecida, eu poderia participar. Fui ao padre e perguntei se só por que era negra não poderia mesmo participar. O padre quis saber o que havia acontecido e eu contei. Então, ele chamou a coordenadora para conversar. Depois, ela me chamou, pediu desculpa e eu participei, mas não foi com o mesmo entusiasmo. Aliás, perdi meu sonho... Eu fui Nossa Senhora, assim.

REFAZENDO A NOSSA JORNADA

Patrícia Maria de Souza Santana

PODEMOS aprender tudo? Temos capacidade para sermos o que quisermos em nossas vidas? Somos gente como os outros?

Quando criança essas e outras perguntas passeavam em minha cabeça. Cresci com a impressão de que as pessoas brancas eram mais que nós, pessoas pretas. Mais bonitas, mais limpas, mais reais/normais, com um mundo diferente. Na escola eu me emparedava nos cantos para fugir de um xingamento, um apelido, uma piadinha.

Minha mãe fazia penteados lindos com tranças, coques, cachos. Nenhuma professora me elogiava pelos penteados, era como se não me vissem. Entendi depois de muito tempo que eu era invisível. Por não ser branca, não aparecia; por ser calada, não era percebida. Amocambava-me em minha solidão.

Era uma sensação de estar fora de lugar, um sentimento esquisito de deslocamento. Ninguém em minha infância havia falado de racismo. Intuitivamente sabia que era diferente, recebia olhares diferentes. O encolhimento, o recolhimento, o silêncio foram velhos companheiros e ainda são quando aquele instinto de menina vem à tona. Vontade de voltar para casa. Casa de mãe, casa África, casa lugar que não vivi nem conheci. Vontade de estar no meio, de fazer parte, de poder caminhar junto. Na minha jornada na escola fui criando só para mim um quilombinho, uma rebeldia calada, guardada em planos e projetos de ser gente.

Os elogios vinham de minha família. Uma família grande feita de avós, tios, primos, mãe, pai, irmãos, vizinhos, madrinha e padrinho. Um cuidado de preto, que corria os olhos, que protegia, que não deixava a gente se perder, que nos acalentava com pequenos mimos, com histórias de vida, de sofrimento, de luta, de alegria, de axé.

Sonhos, devaneios, esperanças e desejos misturaram-se a incertezas, inseguranças, senzalas que se agigantavam diante de nossas angústias e de nossos fracassos.

Meus amigos e amigas pretas foram ficando, não para trás, mas se perderam em nossas desigualdades, nas repetências, na falta de oportunidades geradas nas injustiças, nos açoites da exploração, da miséria, do não lugar.

Tenho sonho e desejo de poder caminhar com meus amigos e amigas. Seguir uma mesma jornada. Sentar no portão e conversar sobre tudo, sobre a vida. Meus amigos e amigas foram ficando nos caminhos que nos separaram, na evasão. Não tínhamos trabalhos de casa em comum, os sonhos de fazer universidade foram sendo desfeitos pelo apelo do trabalho, da sobrevivência. Os projetos comuns foram macerados pela luta diária.

Fui me perdendo dos amigos e amigas, me sentindo esquisita por não fazer parte, alimentando esperanças de reencontro.

Cada um encontrou um caminho, uma forma, um jeito de resistir. No silêncio, na rebeldia, na acomodação, no sonho pequeno, no sonho grande, na morte devagar em pequenas e grandes doses fomos nos fazendo ou nos desfazendo, em meio ao descrédito, à desconfiança, ao mal olhado, ao racismo, ao preconceito. Em meio a pedagogias de campos de concentração, de casa grande, de sinhozinhos e sinhás. De gritos e imposições de poder, de humilhações.

Estou marcada por uma escola que nos formou e nos deformou. No silêncio sofrido, a força para continuar a caminhada. Meus amigos e amigas foram ficando em outros lugares, expulsos da escola, negados pelos mestres, sem conhecimentos feitos em papel e letras. Meus amigos e amigas formaram-se sem escola, fizeram-se pessoas sem academia. A vida foi virando escola, fazendo crescer possibilidades, conhecimentos encarnados, incorporados nas gingas pela sobrevivência.

Trilhamos jornadas diferentes. Queria retomar o plano, recuperar a rota, poder caminhar com meus amigos e amigas. Tecer conhecimentos de vida, de existência. Inventar outra escola com saberes que pudessem brotar da alma, das coisas, das plantas, dos bichos, do fazer diário, da labuta contínua, dos afetos compartilhados. Uma escola que aproximasse, gerada em cuidados e em afetos, mantida por esperança na vida e na humanidade.

As memórias aquecem meus pensamentos, sou tomada de raiva, tristeza e banzo. Revejo meu pequeno quilombo e sei que sem ele eu não teria resistido. Sou movida pela esperança e pela revolta miúda. Luto todos os dias para refazer a jornada e reencontrar meus amigos e amigas.

PATRÍCIA MARIA DE SOUZA SANTANA – Nascida em Belo Horizonte – MG. Estudou em escola pública do ensino fundamental à universidade. Professora da Rede Municipal de Educação de Belo Horizonte. Doutoranda em Educação pela UFMG. Autora dos livros: *Professor@as Negr@as, trajetórias e travessias, Entremeio sem Babado, Minha Mãe é Negra Sim!, Cheirinho de Neném*; todos pela Mazza Edições. Atua nas áreas de relações étnico-raciais e educação, formação de professores (as).

PRECIOSIDADES DE AMARILES*

Amariles Rodrigues

"EU ME CHAMO Amariles Rodrigues. Eu nasci em Ponte Nova, no bairro das Palmeiras. Meus primeiros anos de estudo foram no Colégio Nossa Senhora Auxiliadora. Estudávamos lá, porque havia as alunas internas que se preparavam para se formar, lecionando para nós. Lá, a gente tinha muitas atividades: a gente estudava e brincava, ouvia histórias e fazia teatro. As Irmãs do colégio convidavam as alunas mais desembaraçadas para fazer teatro. Eu, como sempre, atendia a todos os convites. Eu não entendia, mas nem sempre era bem aceita. Mesmo assim, gostava de participar. Ah, a minha história é até interessante! Então, me deixa contar pra vocês um pedacinho do que aconteceu.

Estávamos no terceiro ano primário e teríamos um número para representar os cinco continentes, que, naquela época, eram Europa, Ásia, America, África e Oceania – agora não sei se continuam com os mesmos nomes – mas, há cinquenta e tantos anos, sessenta e alguma coisa atrás, chamavam-se assim. As Irmãs, então, escolheram as alunas para a representação. Nós fomos escolhidas, eu e outras quatro coleguinhas – só que as coleguinhas todas eram brancas. A mais queimadinha era eu, que iria representar a África. Então, nos ensinaram várias poesias e a gente tinha que cantar um versinho cada uma, mas tinha uma parte que cantávamos juntas. Lembro-me da música, que era assim: *"Somos sós e pobres, despidas famintas/ Nenhuma palavra ouvimos de amor/Jamais saudamos auroras de festa/E sempre tristonha a vida nos é/Quem vida nos deu, nós não conhecemos/Nem temos sequer o olhar de piedade"*. A gente ia cantando e fazendo os gestos. Um detalhe: quando a gente não podia fazer as roupas do teatro, a mãe das amigas faziam pra gente. Aquilo era uma felicidade!

Mas, houve um pequeno deslize. O nosso colégio tinha diretora e vice--diretora. No ensaio geral, a diretora notou que tinha uma aluna pobre que ela disse não poderia representar. Ah! E naquele vai-não-vai porque é pobre, a escolhida era esta bendita, esta tal de Amariles.

---

* Depoimento concedido à Benilda Brito e Rogério Fidelis, em 2008, por ocasião do Encontro Municipal de EJA/BH /MG – 2008.

A mãe de uma colega, que tinha preparado a roupa de Amariles, não concordou com a história e foi lá conversar com a Irmã. Então, a Irmã falou que arranjaria outro par para a filha dela, uma aluna que se chamava Elisa Leite Aviani – que deve ser viva ainda, talvez morando em Brasília –, mas a mãe da menina protestou e disse que ou a filha dela ia com Amariles ou não iria participar. Como as Irmãs, na última hora, não arranjaram substituta para Amariles, o número foi cancelado. Eu chorava, a minha colega também chorava, mas não pôde ter o número e as Irmãs não explicaram o motivo. E não tocaram nesse assunto, não.

Àquela época, eu não entendia bem o porquê daquele discurso das Irmãs sobre não poder participar por ser pobre. Só mais tarde fui entender o verdadeiro motivo daquela rejeição: eu era preta, a única preta. A verdade é que, naquele colégio, havia muita separação, sim. Quando a gente descia as escadas do colégio – que ainda existe em Ponte Nova – a Irmã diretora nos separava. Éramos divididas em três grupos por ordem de tamanho, a Irmã diretora, então, separava e passava Amariles para trás de uma tal Conceição Vieira. Mas a professora voltava Amariles pra frente, depois de passar pela diretora. Isso ocorreu durante muito tempo até que a gente conseguisse entender o porque disso. Mas, a conclusão qual é? É a cor, gente. Era a cor. Agora, vocês não me perguntem por que eu estudava naquela escola. Eu não sei. Sei que amava o colégio, amava a escola. Mas, só muitos anos depois, eu pude entender que era por causa da bendita da cor que eu era excluída das atividades.

No colégio todo, por incrível que pareça, pelo menos na época que eu estudava, havia pouquíssimas alunas escuras, pretas, porque as mães de Ponte Nova também não "punham" as meninas no colégio, porque diziam que era um colégio branco. Minha mãe me "pôs" lá e me aceitaram, eu era inteligente. Só que eu nunca entendia por que, às vezes, não podia participar. Não, não falavam "negra", não. Falavam assim: "Você não pode, você não pode". A professora confiava na minha capacidade, naquilo que eu sabia, e como prêmio sempre me dava oportunidades, me classificava, mas as diretoras do colégio, na hora, me separavam.

Na minha terra e lá na igreja, eles chamavam de "azul" quando a gente era muito pretinha. Falavam fulano é azul, fulana é azul, Amariles é azul. Agora, eu ia entender o que era "azul"? Azul pra mim era a cor azul. Mas não, "azul" era a cor preta.

Não eram todas as meninas que queriam representar, mas eu queria tudo. Bastava mandar levantar a mão, e eu levantava. Lá ia eu. "Levanta a mão"... e eu levantava, mas quando chegava a hora, falavam que eu não podia. Certa vez chegaram a dizer: "Não, Amariles, você não pode. Você é azul". Eu não entendia o que era ser azul. Só mais tarde, fui entender que era preta. Por que, por que só eu era azul, você me pergunta o por quê? Eu não sei como, eu nunca pude entender porque fui aceita naquela escola.

Chorei e fui à festa do colégio assim mesmo, fui a tal festa. Uma vontade de participar... Aí que vem aquilo que a gente chama de inveja. Eu não tinha raiva das outras meninas, eu tinha inveja por não poder estar lá no palco, representando. Eu acredito que... eu quero dizer o seguinte: "Nunca se deve enganar uma criança; deve-se falar a verdade, falar aquilo que não nos falaram. Falar que ela é escura porque os pais dela são pretos, mas que ela é igual às outras. Que deem oportunidades às crianças negras assim como dão às outras. Se elas quiserem coroar Nossa Senhora, se quiserem vestir roupas bonitas, fazer parte de teatro, deem tais oportunidades. A maior tristeza que a gente tem é ver uma amiga da gente, uma colega, uma pessoa igual a gente ser alguma coisa que a gente não pode ser. Porque a gente é perfeita, a gente tem as mesmas coisas que os outros têm. A mesma vontade que uma menina branca e rica tem, a preta e pobre também tem, a mesma vontade. E a criança que não tiver vontade é porque – vou te contar uma coisa! – é doente. Uma criança que não sonha?! Eu tive muitos sonhos e tive vontades e não pude realizá-los. Hoje, nesta época que eu estou vivendo, eu posso tudo, só que agora eu já não quero mais. E não é por causa da idade, não. Eu já não quero mais.

AMARILES RODRIGUES nasceu em Ponte Nova (MG), no bairro das Palmeiras, do qual ela muito se orgulha. A primogênita de 8 irmãos, que ajudou a mãe viúva a criar, hoje é costureira aposentada. Reside em Belo Horizonte, não gosta de revelar a idade, aprecia uma boa prosa, é leal aos velhos amigos e se considera "de bem com a vida", da qual não guarda qualquer mágoa.

TEMPO E MEMÓRIA NA CRIAÇÃO LITERÁRIA DE ESCRITORAS NEGRAS BRASILEIRAS

Edileuza Penha de Souza

> *"A minha esperança, quando escrevo,*
> *é que quando escrevo a palavra pedra*
> *eu atire a pedra à cabeça do outro e*
> *lhe parta mesmo, lhe quebre a cabeça ..."*
> (Barbeitos)[1]

FUI alfabetizada aos seis anos por minha amiga Fia (Marta), que tinha sete anos e entrara na escola um ano antes. Depois que ela voltava da escola, enquanto nossas mães cuidavam da labuta, nos passávamos a tarde inteira na varanda de minha casa brincando de escolinha. Improvisávamos uma tábua de madeira como quadro e com cotocos de giz, que certamente eram surrupiados da escola, ela me ensinava o que aprendera durante a manhã. Assim, ao entrar na escola, no ano seguinte, eu já dominava todo o conteúdo da primeira série. Minha professora, dona Neuza, me colocava num canto da sala onde eu deveria fazer bichinhos com massa de modelar para não "atrapalhar" o bom andamento da sala. De minha parte, eu me rebelava, pois meu desejo era ler e escrever.

Um dia, após rapidamente terminar um exercício na cartilha que tão bem conhecia, arrumei um fuzuê e recusei a massinha. Disse à professora que eu estava ali para estudar e não para fazer bichinho. Depois de ficar de castigo, me colocaram na sala de dona Marlene que era professora da segunda série. Minha amiga Fia estudava em outra sala. Às tardes continuávamos brincando de escolinha, no entanto, agora alternávamos o lugar da 'professora'. Na escola, Marta era calada e tímida; eu era o seu oposto. Assim, se o conhecimento de ler e escrever nasceu de uma brincadeira, com o passar dos anos trouxe desafios. Hoje compreendo que – como a minha amiga de infância –,

1 BARBEITOS, Arlindo. *Angola Angolê Angolêma*. Lisboa: Sá da Costa, 1975.

usávamos os estudos para tentar afastar o racismo, a discriminação e o preconceito de que, como meninas negras, éramos vítimas na escola.

Com o tempo, 'ler e escrever' passou a ser um refúgio. Cadernos, papéis, diários, computador são elementos vitais para minha existência. Como mulher e escritora negra, me dou conta de que meu percurso profissional é fruto da territorialidade[2], do pertencimento, do amor e do afeto, esses quatro elementos fundamentais para a manutenção da saúde física e mental, condição básica para a autoestima. Assim, no momento em que começo a pensar sobre minha trajetória acadêmica, recorro a um poema de **Conceição Evaristo**:

Tenho a calma
de uma velha mulher
recolhendo seus restantes
pedaços.
E com o cuspo
grosso de sua saliva,
uma mistura agridoce,
a deusa artesã cola, recola,
lima e nina o seu corpo
mil partido. E se refaz inteira
por entre a áspera intempérie
dos dias.[3]

Ao compreender o mundo como um todo – céu (*orum*) e terra (*aiyé*) –, a escrita de nós, mulheres negras, toma outros significados: "É a possibilidade de recontar [nossa] própria história, utilizando a nossa própria forma de expressão"[4], "É o momento dialógico entre o ser e a universalidade, como consequência o sonho da partilha para o bem da humanidade"[5]. E ainda, afirma **Esmeralda Ribeiro**: "Escrever é a linha invisível que divide a loucura da sanidade. É comandar o universo com uma simples caneta ou com algumas teclas

2 A territorialidade pode ser percebida como espaço de práticas culturais nas quais se criam mecanismos identitários de representação a partir da memória coletiva, das suas singularidades culturais e paisagens. A territorialidade seria assim resultante de uma unidade construída, em detrimento das diferenças internas, porém evocando sempre a distinção em relação às outras territorialidades. (SOUZA, 2006, p. 223)

3 Conceição Evaristo – **Amigas**

4 Esmeralda Ribeiro – **Ser escritora afro-brasileira**

5 Ruth Souza Saleme – **O que é escrever**

do computador"[6]. A importância e o diferencial da escrita literária de mulheres é que somos nós quem respeitamos as riquezas e mistérios da natureza, da vida humana e de tudo aquilo que é sagrado. A escrita feminina forma uma corporalidade[7], onde ocorre o desenvolvimento humano. Assim, esse diferencial é comandado pelo axé que conduz a escrita, que gera e nutre a nossa feminilidade como eixo da ancestralidade.

A ancestralidade garante a nós, escritoras negras, o elo entre cada uma de nós e as nossas escritoras ancestrais Rosa Maria Egipcíaca da Vera Cruz, Maria Firmina dos Reis, Andradina de Oliveira, Gilka Machado, Antonieta Barros, Carolina Maria de Jesus, Ruth Guimarães[8] e também as contemporâneas Lélia Gonzales[9], Beatriz Nascimento[10] e tantas outras. A identidade com essas escritoras é o nosso mote de resistência, demarca nossos espaços e garante entre nós a construção de redes de solidariedade e companheirismo, fortalece nossas conquistas de soberania e cidadania. É a dinâmica civilizatória dessas e de tantas outras mulheres, como nossas avós e mães, que tem possibilitado nossa resistência e soberania. (Souza, 2010).

No processo de criação de algumas escritoras negras brasileiras, como Alzira Rufino, Ângela Galvão, Ana Cruz, Ana Célia da Silva, Ariane Celestino Meireles, Azoilda Loretto da Trindade, Benedita De Lazari, Benilda Brito, Célia Aparecida Pereira, Cidinha da Silva, Cris Pereira, Cristiane Sobral, Conceição Evaristo, Esmeralda Ribeiro, Fernanda Felisberto, Geni Guimarães, Graça Graúna, Heloisa Pires Lima, Iolanda Oliveira, Iracema Régis, Íris Amâncio, Jurema Werneck, Helena Theodoro, Lia Vieira, Joselina da Silva, Marta André, Marise Tetra, Maria de Lourdes Siqueira, Maria da Paixão, Miriam Alves, Miriam Santos Cardoso, Mel Adún, Narcimária Correia do Patrocínio Luz, Nilma Lino Gomes, Patrícia Santana, Petronilha Beatriz Gonçalves e Silva, Regina

---

6 Esmeralda Ribeiro - **O que é escrever**

7 "Corporalidade e espiritualidade compõem a estrutura que os seres humanos portam, nos diversos aspectos da alma, no investimento cultural dos sentidos da vida. Corporalidade é o viver cotidiano de cada pessoa, individual e coletivo. Na corporalidade se expressa também a sexualidade, reinterpretada e reproduzida graças à celebração do corpo, como lugar de representação de valores. Está relacionada à existência, ao trabalho, ao lazer e ao tempo que dedicamos a cada uma dessas funções" (SOUZA, 2006, p.217).

8 Sobre essas escritoras negras, ver: Maria Lúcia de Barros em artigo Motta "Escritoras negras: resgatando nossa história".

9 (1935-1994) Militante negra, fundadora do Movimento Negro Unificado - MNU. Foi professora e antropóloga, sendo uma das propulsoras do movimento de mulheres contemporâneo.

10 (1942-1995) historiadora, pesquisadora, poeta e ativista negra. Dedicou sua vida à luta antirracista e antissexista.

Amaral, Raquel de Oliveira, Roseli Nascimento, Ruth Souza Saleme, Serafina Machado, Sônia Fátima, Sueli Bispo, Sueli Carneiro, Sueli Ribeiro, Teresinha Tadeu, Vera Lúcia Barbosa e tantas outras, há versos, prosas, contos, crônicas e outras narrativas tecendo palavras como práticas de saberes e sabores. Escritoras negras, essas mulheres têm criado e recriado espaços de tempo e memória. Nesse caminho, essas mulheres encontram nas editoras "Mazza", "Nandyala", "Pallas" e "Selo Negro", bem como nos "Cadernos Negros[11]", espaços que consolidam suas produções - vanguarda na edição e publicação de autoras negras. Dirigem-nas outras mulheres negras, comprometidas com uma literatura de qualidade voltada para transformações que concernem ao mundo editorial. Essas editoras se configuram como importante e fundamental espaço para dar visibilidade à literatura das mulheres negras.

Ser escritora negra conduz a uma luta contra a ideologia dominante e possibilita a tomada de consciência do processo ideológico que engendra a estrutura social, cultural, política e econômica do Brasil. O processo histórico de cada escritora negra deste país interage com as histórias de lavadeiras[12], costureiras, cozinheiras, parteiras e tantas outras trabalhadoras que labutaram para que suas filhas e netas pudessem ocupar os bancos escolares. E é esse processo histórico que faz de nós, escritoras negras, responsáveis por ressignificar o papel da escrita. Escrevemos para denunciar o racismo. Escrevemos pelo conhecimento, pelo saber e pelo prazer. Para nós, mulheres negras, escrever é o ser e o estar, é o existir. Ao escrever, damos vozes e poder às nossas comunidades, ao mesmo tempo nos nutrimos de uma sabedoria ancestral. (Souza, 2008).

Nossa escrita mantém acesa a perspectiva de nossas matriarcas, representa o sonho de liberdade que mobiliza e assegura a linguagem e os princípios de comunicação, que se renovam e se expandem: "Há tanto o que fazer com a poesia"[13], que de novo recorro a Conceição Evaristo: "O ontem - o hoje - o agora/ Na voz de minha filha/ se fará ouvir a ressonância/ o eco da vida-liberdade". A territorialidade e a corporalidade de nossas escritas recriam - e se caracterizam como dinâmicas -, encontros, ancestralidade, terra, solo

11 Em 1978 surge a primeira edição da Antologia Cadernos Negros. Desde 1983, é viabilizada pelo grupo Quilombhoje, atualmente é mantida pelo casal de escritores Marcio Barbosa e a Esmeralda Ribeiro.

12 Ver: **As filhas das lavadeiras**, de Maria Helena Vargas da Silveira. Editado em 2002, o livro retrata a trajetória de várias educadoras das regiões Sul e Sudeste cujos estudos foram garantidos por suas mães e avós lavadeiras.

13 Elisa Lucinda - **Viver de Poesia**

fecundo que promovem a comunhão entre o território, as identidades e africanidades que caracterizam a nossa escrita.

Em outras palavras, ao escrever, nós, mulheres negras, construímos um espaço de harmonia, ações educativas e combate ao racismo e às discriminações. Aprendemos e ensinamos o amor, o pertencimento e o afeto. Portanto, nossa ancestralidade legitima e reafirma o patrimônio civilizatório afro-brasileiro. No mundo das letras, somos nós, mulheres negras escritoras, herdeiras de um legado que nos responsabiliza a dar continuidade aos sonhos de construirmos uma sociedade justa e igualitária a todas as gerações que virão depois de nós.

Referências

BARRETOS, A. **Angola, angolê, angolema.** Luanda: Maianga, 2004

MOTT, Maria Lúcia de Barros em artigo **Escritoras negras: resgatando nossa história.** Disponível em: <http://cucamott.sites.uol.com.br/escritorasnegras.htm>. Acesso em: 10 jul. 2011.

LUCINDA, Elisa. **O Semelhante.** Rio de Janeiro: Record, 1998

EVARISTO, Conceição. **Poemas da recordação e outros movimentos.** Belo Horizonte: Nandyala, 2008. **Quilombhoje.** Disponível em: <http://www.quilombhoje.com.br/>. Acesso em: 07 jul. 2011.

SOUZA, Edileuza. Penha de. Professoras negras: a escola como tessituras da territorialidade ancestral. In: COELHO, Wilma de Nazaré Baía; MAGALHÃES, Ana Del Tabir. (Org.). **Educação para diversidade olhares sobre a educação para as relações étnico-raciais.** Belo Horizonte: Mazza, 2010.

______. **A ancestralidade africana de Mestre Didi expandindo a intelectualidade negro-brasileira.** Texto apresentado no Nono Congresso Internacional da Associação de Estudos Brasileiros (BRASA), realizado na Tulane University, New Orleans, Louisiana, de 27 a 29 de março de 2008. Disponível em: <http://sitemason.vanderbilt.edu/files/jgM3V6/Souza%20Edileuza%20Penha%20de.pdf>. Acesso em: 9 jul. 2011.

______. (Sistematização e Revisão de Conteúdos)**Orientações e Ações para o Ensino de História e Cultura Africana e Afro-brasileira** – Publicação - Secretaria de Educação Continuada, Alfabetização e Diversidade do Ministério da Educação - Secad / MEC, 2006

EDILEUZA PENHA DE SOUZA – Doutoranda em Educação e Comunicação na Universidade de Brasília (UnB), onde leciona as disciplinas "Pensamento Negro Contemporâneo" e "Cinema Negro". Historiadora, mestre em Educação e Contemporaneidade pela Universidade Estadual da Bahia (UNEB), professora, trabalha com educação e diversidade, com experiência profissional e publicações em políticas de promoção da igualdade de gênero, raça e etnia, cinema negro e educação quilombola. E-mail: souzaedileuza@uol.com.br.

QUADRO NEGRO DE RECORDAÇÕES

Denise Botelho

HOJE tenho o meu peito envolvido por um saudosismo dos meus ancestrais, que me trouxeram até aqui, e da minha descendência que me levará adiante.

Impressionante pensar que os primeiros encontros com meus ancestrais negros foram praticamente ignorados, **pois, mesmo sem saber, muitas vezes nos encontrávamos nas ruas dos nossos destinos. Era o passado revisitado no meu presente.**

Creio que já era um acalento para momentos difíceis e que muito amenizou os enfrentamentos no campo de batalha. As experiências vividas na escola, apartadas das ancestralidades negras, transformaram e transformam muitas crianças.

Triste é o que ficou no passado de nossos velhos e velhas. Há um fio invisível que nos conduz e, mesmo não querendo, está presente no nosso dia-a-dia, não para nos fazer sentir inferiores, mas, sim, para nos fazer lembrar o quanto somos fortes e sobrevivemos às mais duras mazelas que a vida pode pregar. De reis, rainhas e cidadãos comuns viramos "coisa" e do tipo "coisa sem valor".

Lembrar que se os nossos meninos-príncipes se perderam nas lidas de cana e muitos se esvaíram em sangue até conseguir o reencontro com os ancestrais, muitos viveram a miséria humana e outros venceram na sua fúria de liberdade. "Salve os quilombolas!" e por eles podemos, hoje, estar aqui para dizer "Salve o povo negro, esse povo vencedor! Portanto, menina, não se abata, não chore, não sangre...." Lembro-me de quando uma menina, em uma escola estadual da cidade de São Paulo, sofreu na pele, ou melhor dizendo, por causa de sua pele, as consequências do estigma racial. Seus pais, perdidos nos processos de mestiçagem, nunca lhe haviam ensinado a se defender das atrocidades racistas e, quando uma certa dona Terezinha, professora da 3ª série, lhe disse "Você não serve **nem** para varrer uma sala, menina?", a menina emudeceu. Afinal, tínhamos acabado de festejar o aniversário de um coleguinha e enquanto as outras crianças continuavam crianças, a menina já estava refém da servicilidade.

Muitos anos se passaram, a menina cresceu e hoje ainda há muitas donas Terezinhas que persistem nas salas de aulas do Brasil. Mas, agora, **eu** posso falar: Sirvo sim para varrer, pensar, cozinhar, ensinar e, principalmente, lutar para que muitas meninas e meninos negros não precisem se calar e para que pessoas racistas deixem de inferiorizar outros seres diferentes racial, física, cultural, econômica, sexual e socialmente, mas igualmente **HUMANOS**.

Como a formação da dona Terezinha, a formação dos(as) atuais educadores(as) ainda é insuficiente, quase inexistente, em relação às proporções do problema racial brasileiro. É preciso evidenciar a precariedade da formação de profissionais na área educacional, para o combate ao racismo. A temática das relações raciais, inexistente na formação acadêmica, resulta em despreparo para os conflitos raciais presentes no cotidiano escolar. Se muitos professores são omissos e irresponsáveis em relação a seus alunos negros e brancos, em contrapartida, outras e outros educadores estão incessantemente lutando para que as novas gerações tenham o direito de reconhecer e respeitar a diversidade humana.

Creio que a formação para o combate ao racismo e para a diversidade multirracial, no ensino brasileiro, deve auxiliar os educadores e educadoras a compreenderem melhor sua própria experiência cultural e a desenvolver identidades raciais e culturais.

Denise Botelho – Professora adjunta do Departamento de Educação da Universidade Federal Rural de Pernambuco (UFRPE). Coordenadora do Núcleo Afro-Brasileiro (NEAB-UFRPE). Desenvolve atividades de ensino, extensão e pesquisa nas áreas de educação para as relações raciais e de gênero; religiões de matrizes africanas e políticas educacionais.

A CONSCIÊNCIA NEGRA NO CURRÍCULO ESCOLAR

Maria Edite Martins Rodrigues

AS PROFESSORAS haviam voltado do feriado de Nossa Senhora Aparecida e a coordenadora trouxe a pauta da próxima reunião pedagógica: avaliar o projeto trabalhado sobre o dia das crianças e discutir o projeto sobre a consciência negra. O tempo urgia e o mês de novembro já estava batendo à porta. Ela queria fazer uma lista de livros e revistas especializadas no assunto, além de palestrantes para falar com propriedade sobre o tema, músicas, trabalhos artesanais para se fazer com as turmas de crianças e adolescentes da escola, enfim, tudo que pudesse servir como fonte alimentadora de ações que promovessem o combate à desigualdade racial. A escola ficava famosa em novembro: seu nome aparecia nas reportagens do município. Inclusive havia um grupo de dança só de meninas que, na semana da morte de Zumbi, montava coreografias com músicas de Martinho da Vila, Família Alcântara, Grupo Tambolelê e outros. Elas recebiam convites para se apresentar em outras escolas e até em centros de cultura, dividindo o espaço com artistas profissionais. Seria bom zelar pelo nome da escola, para manter a tradição.

Pois bem, no dia da reunião para tratar dos planejamentos, a coordenadora resolveu iniciar o encontro, pedindo às professoras sugestões de atividade sobre a temática.

O grupo de trabalho era muito dividido, etnicamente falando, se assim se pode dizer. É que havia apenas duas professoras que se autoclassificavam como descendentes legítimas da raça negra. Elas diziam que sua cor era preta e que seus ancestrais vieram do continente africano. Essa classificação era embasada pelas demais colegas de profissão, que afirmavam serem as duas legítimas representantes da raça negra, pois mantinham os cabelos crespos, a pele de um preto retinto e apresentavam outros traços negróides, daqueles estampados em alguns livros de história, como formato do rosto, nariz, tornozelos etc. As outras pessoas do grupo pertenciam a um arco-íris étnico. Havia as que se intitulavam morenas, as mestiças, as mulatas, as pardas e as brancas de todos os matizes: branquinha, branquela, mais para branca, além de outros tons de pele que variavam de acordo com a cor do dia, assim como a íris dos olhos.

Após o pedido de sugestões da coordenadora, houve um silêncio. Ela insistiu, lembrando-se da trajetória feita pela escola sobre o assunto, elencando os vários estudantes afrodescendentes que frequentavam a instituição e, como sentisse que não sensibilizava o grupo, arrematou:

– Agora é lei federal, meninas.

Começou, então, certo movimento nos corpos presentes, que variava desde o balanço dos pés, as mordidas de lábios, os bocejos, o folhear de provas para corrigir até o manuseio de telefone celular e aparelhos midiáticos, em geral. Umas e outras se esquivavam da missão, listando os mais variados motivos.

– Sabe como é, gente, com essa onda do politicamente correto, fico super com medo de mexer com esse assunto. A gente chama o sujeito preto – e ele é preto mesmo – e daí eles até querem chamar a polícia pra gente, já pensou?

– É uma questão de pele. Tem graça uma pessoa branca como eu falar desses assuntos? Acho que tinha de ser alguém de cor.

– A Socorro, por exemplo! Ela é filha de quilombola.

– E a Desirée, então? Ela participa de tudo quanto é curso sobre os negros, não é, Dê?

– Será que esse assunto já não está um pouco saturado, hem gente? Todo novembro é a mesma coisa!...

Muitas cochichavam entre si palavras de solidariedade às opiniões emitidas ou faziam gestos afirmativos, levantando e abaixando a cabeça. Desirée e Socorro, por sua vez, permaneciam em silêncio, olhando ora para uma ora para outra que opinava, esboçando um meio sorriso de lábios fechados, com a expressão facial de tédio, como se não fosse a primeira vez daquela cena.

O debate continuava acalorado. A coordenadora espalhou pela mesa alguns índices do IDEB, do SAEB, do MEC, da ONU e com eles tentava defender a necessidade do envolvimento de todo o grupo da escola naquele trabalho. Era preciso reverter a desigualdade estampada naqueles números – dizia ela, vibrando os papéis nas mãos .

– Tal empreitada só será exitosa se houver um trabalho que vislumbre o combate ao racismo – concluiu.

A palavra soou, então, como uma ofensa.

– É isso que eu não dou conta. Aqui no Brasil não tem racismo, gente!

– Muitas vezes, é o próprio negro que discrimina o negro.

– Queria ver se fosse que nem na África do Sul! Aí sim, muito neguinho iria ver o que é racismo.

No zum-zum-zum de vozes que se formou já não dava mais para entender direito o que estava sendo discutido. Algumas professoras aproveitaram a ocasião do burburinho para ir ao banheiro, outras foram tomar um cafezinho e pequenos grupos se formaram em separado. Dentre estes, destacava-se um, formado por Socorro, Desirée e a coordenadora. Elas falavam em tom baixo, porém forte e decidido:

– Há cinco anos que eu trabalho esse tema nas minhas aulas, gente. Não é só em novembro.

– Eu sei disso. Mas se gente parar agora, gente, aí já era!

As três tentavam levantar argumentos de modo que o trio mostrava-se animado a pegar a tarefa: uma tentava sustentar a outra.

Na volta do intervalo, a coordenadora tomou a palavra:

– Pessoal, estive conversando com a Deisirée e a Socorro e tivemos algumas ideias para trabalhar a consciência negra – e olhava para as duas companheiras, como se buscasse uma confirmação das palavras entusiasmadas que lançava ao grupo sobre a grandiosidade da missão que as aguardava.

– Vamos fazer pesquisas, seminários concursos de redação, representações teatrais, maquetes representando o Quilombo de Palmares... Nossa! É muita coisa legal

Alguém observou:

– E tem mais: as três pegam carona junto com a Das Dores. É bom que elas possam organizar as atividades enquanto estão no carro.

A observação da colega caiu como uma luva. Um arremate providencial que apaziguou qualquer rusga, qualquer mal-estar que estivesse nas entrelinhas do encontro.

E, sob os aplausos dos demais ouvintes, deu-se por encerrada a reunião.

MARIA EDITE é professora alfabetizadora da Rede Municipal de Belo Horizonte desde 1982; Professora de Língua Portuguesa da Rede Municipal de Belo Horizonte desde 1994; Contadora de histórias para crianças, jovens e adultos, privilegiando a temática étnico-racial como estratégia de combate ao racismo no cotidiano escolar e fora dele. Atualmente compõe a equipe pedagógica da Escola Municipal Professor Daniel Alvarenga.

TIA! EU?

Benilda Regina Brito

Ao meu amado anjo-neto, Enan Miguel, minha afilhada-flor Luisa, meus sobrinhos: Rudá, Pedro, Arthur, Heitor, Maria Vitória, Gabriel, Giovana pelos muitos desafios que ainda irão enfrentar em um mundo que insiste em não respeitar e valorizar a diversidade.

Mantenham seu orgulho pela sua identidade negra. Sempre.

VOVÓ Benigna fazia vários arranjos para garantir nossa sobrevivência na infância. Era mãe solteira. Só teve minha mãe Zaira. Dizia que nasceu para ser mãe e não esposa. Bem mais tarde aprendi que isto era direito sexual e reprodutivo. Pode?

Vovó nos empoderou em nossa identidade negra. Ela trançava os nossos crespos cabelos (os meus e os de minhas irmãs; Benigna – nome dado em homenagem a ela –, Benícia e Beatriz) e todas as vezes que terminava as tranças, ela beijava nossas cabeças e dizia: "Minha neguinha está linda!".

Cresci assim. Linda e negra. Tinha certeza disso. Por mais violência racial que sofresse na escola – muitas vezes sutil, mas extremamente eficaz –, as palavras "negra e linda", que vovó dizia, ecoavam na minha cabeça.

Vovó mascava fumo de rolo. Durante o dia, para economizar gás, ela acendia o humilde fogão de lenha que tínhamos próximo à porta da cozinha. À noite, ela apanhava as cinzas do fogão, colocava numa latinha de sardinha ou massa de tomate e levava para o quarto, embaixo da cama.

Eu era campeã de frequência à biblioteca do jardim, pois, adorava pegar livros que à noite, aos pés da sua cama, vovó lia e inventava estórias de princesas, rainhas, guerreiras, que eram negras e lindas como nós (cabelos crespos, nariz chato, pele escura...). Nossas noites eram mágicas.

Entre um conto e outro ela apanhava a latinha debaixo da cama e eu prontamente buscava o penico. Ela molhava o fumo nas cinzas, "areava os dentes" ou mascava o fumo e cuspia no penico.

Na minha afetividade incondicional infantil, esse era o ritual mais lindo que eu poderia vivenciar: ver o fumo pretinho sendo molhado nas cinzas oriundas de um pau queimado no fogão de lenha.

Apreciava sua mão direita, negra e envelhecida, sendo levada suavemente até sua boca. O que se passava em seguida eram dois movimentos simultâneos: enquanto sua boca se movimentava de um lado ao outro, num ritmo frenético de prazer absoluto pelo paladar que experimentava naquele momento, minha cabeça de menina negra imaginava os gostos que ela poderia estar sentindo. Sempre os meus gostos prediletos: maçã, sorvete de flocos, biscoito recheado de morango. Que gosto teria aquele prazer? O que ela estaria pensando naquele momento?

Meus pensamentos eram interrompidos quando ela movimentava o corpo para frente em busca do vasilhame onde seria depositado o líquido que era desprezado ao final da prazerosa limpeza dentária.

Aprendi fazer arroz com vovó. Ela lavava o arroz em duas águas e a primeira ela guardava para que pudesse lavar o rosto, com juras de pele bonita no futuro. Depois de escorrido, ela dourava o alho em óleo quente, fazia o sinal da cruz em cima da panela e, só então, "afogava" (em Minas não se fala refoga e sim "afoga". Coisa boa de mineiro!) o arroz, torrando-o até o ponto de acrescentar a primeira água fervendo. Depois de um tempo, a segunda fria, garantindo um arroz bem branquinho e soltinho. Por que o sinal da cruz? Sei não. Seria esse o segredo do arroz branco e solto? Também não sei. O que sei é que até hoje eu só faço arroz com o sinal da cruz antes na hora de afogá-lo. Aprendi depois, no Movimento Negro, que este ritual é uma afirmação de Identidade.

Vovó era minha "ídola". E ainda é. Com ela aprendi muitas coisas, principalmente, a ser gente, mulher, negra, mãe (tenho orgulhosamente três pérolas filiais: Addaê, Alayê e Ayana), amiga e avó também (de Enan Miguel, meu anjinho neto). No Movimento de Mulheres Negras e religiões de matizes africanos, aprendi a chamar essa referência tão expressiva em minha vida de "ancestralidade".

Mamãe sempre trabalhou muito, pois meu pai era muito boêmio e ausente, fazendo com que ela e minha avó assumissem sozinhas a nossa criação e sustento. Assim, fui aprendendo o sentido da expressão "mãe guerreira", que vovó remetia à minha mãe. E como foi guerreira!

Mamãe trabalhava dia e noite e assim garantia, já no nosso primeiro dia de aula, o uniforme e o material escolar completo, conforme exigia a lista da escola. No Jardim, era uma blusa branca, uma jardineira listrada de laranja e branco com suspensório, conga e meias brancas.

Eu, a terceira filha de um grupo de sete: quatro mulheres e três homens (Nivaldo, Reginaldo e Rosenvaldo). Mais tarde, um irmão de criação (José Geraldo), somando oito em nossa família.

Cheguei ao Jardim assim: amada, empoderada e feliz. Confiante que o início daquela estrada me levaria a caminhos mágicos como os contados nas histórias de vovó.

Como mamãe era filha única, não tínhamos tias ou tias. Adotávamos suas primas mais velhas e amigas mais íntimas para chamarmos de tias. Foi uma alegria inesquecível quando soube que minha professora, dona Efigênia Rosa Leal, também poderia ser chamada de "tia".

Lembro que minhas colegas o tempo todo a chamavam, por qualquer coisa: "Tia, tia" - e ela sempre atendia. Um dia precisei recorrer a ela e gritei em alto e bom som:

- "Tia, tia".

Diante do seu silêncio, insisti novamente:

"- Tia, tia."

Ao que ela bruscamente se virou para mim, respondendo:

- "Tia, eu? Não sou sua tia. Tia de preto, NUNCA".

Estas palavras me doeram na alma. Meu coração infantil se desfez, velozmente descompassado e acelerado, batendo forte como um tambor sem referência.

Sem entender direito as sensações, constatei no meu silêncio, entre lágrimas:

"Ela não era minha tia".

BENILDA REGINA PAIVA DE BRITO é de Belo Horizonte/MG. Estudou Pedagogia, especializou-se em Psicopedagogia, Políticas Públicas e Direitos Humanos. É militante do Movimento Negro e feminista, desde a década de 80. Mãe de Addaê Abaré, Alayê Imirá e Ayana Odara, vovó de Enan Miguel, coordenou o Nzinga – Coletivo de Mulheres Negras de Belo Horizonte e mantém sua dedicação incansável na luta contra o racismo, a homofobia e todas as formas de preconceito e discriminação. Mestranda em Gestão Social/CIAGS – UFBA, coordenadora do Programa de Direitos Humanos do ODARA – Instituto da Mulher Negra e membro do Grupo Assessor da Sociedade Civil da ONU Mulheres.

NEGRAS RESILIÊNCIAS

Vanessa Beco

COMPLICADO lembrar e relatar, para outros e outras, passagens tão profundas e delicadas de minha vida, mas, por outro lado, como educadora e ativista dos movimentos sociais negro e feminista, tenho consciência da importância desses relatos e a partir deles ter a oportunidade de trocar experiências, rever vivências, aprender e poder contribuir de alguma forma.

Minha infância não foi muito diferente da infância da maioria das crianças negras nascidas em favela. Nasci em uma comunidade chamada Morro do Querosene na região centro-sul de Belo Horizonte. Perto dos meus seis meses de idade, uma tia conseguiu comprar uma casinha na Vila Antena, no Aglomerado Morro das Pedras, na região oeste, e nos mudamos para lá.

Pobreza, alcoolismo, faltas materiais diversas e, por outro lado, muita batalha tanto da minha mãe ainda adolescente quanto da minha avó, para me criar da forma como podiam e consideravam a melhor.

Seriam várias histórias em uma só para contar, isto daria certamente mais que um livro, mas pensando na Lei 10.639, acho importante relatar a fase que vai dos meus quase dez até os treze anos.

Sete anos depois de nos mudarmos para o Morro das Pedras, minha tia – que tinha o sonho de deixar de ser moradora de favela – comprou um lote em Ribeirão das Neves, cidade da Região Metropolitana de Belo Horizonte, e convidou minha avó para ir morar com ela. Como minha avó me criava e se sentia responsável por mim, pois minha mãe já havia saído de casa para morar em um aluguel próximo com aquele que veio a ser pai do casal de irmãos que tenho; então, minha avó me levou junto para Ribeirão das Neves.

Período difícil de readaptação ao lugar. Uma escola onde as professoras ignoravam alunos e alunas negras, exceto quando era para fazer alguma reclamação ou maldade. Quando eu errava o ditado, levava um beliscão da professora. Às vezes, ouvia alguma fala desagradável do tipo: "Só por que você não tem mãe não quer dizer que você tem que ser assim". Acredito que foi nesse período que comecei a me tornar uma pessoa mais traumatizada, complexada e envergonhada de tudo.

Passado um bom tempo, a minha tia Dona da casa, na época estudando magistério, decidiu que o melhor para mim era viver com a minha mãe, que ela deveria assumir sua responsabilidade como mãe.

Nesse período, minha mãe já tinha meu irmão do meio. Minha tia chega comigo de surpresa e avisa a minha mãe que eu passaria a morar com ela. Fui matriculada por minha tia na escola da região e comecei a estudar.

Minha mãe trabalhava alguns dias da semana como diarista. Então, eu passei a tomar conta do meu irmão, mas foi por pouco tempo, pois logo saiu vaga para ele numa creche comunitária.

Um dia, uma das professoras da escola veio conversar comigo e, muito "simpática", me perguntou se eu não queria ir passear na casa dela. Eu, criança muito ingênua e sem malícia, disse que queria sim. Ela então falou que, no dia seguinte, eu podia ir depois da aula com ela.

Lembro o que uma coleguinha de sala, um pouco mais velha que eu, me disse quando contei pra ela: "Cuidado, ela vai querer te por pra trabalhar lá, hein!" Eu não levei em consideração o que ela falou, até porque nem tinha maturidade para isto.

À tarde, quando minha mãe chegou, dentro do pouco diálogo que tínhamos, consegui falar sobre o convite da professora e perguntei se podia ir. Ela apenas me disse que não me atrasasse para pegar meu irmão na creche, no fim da tarde.

No dia seguinte, fui feliz para a escola, acreditando que faria um lindo passeio na casa de "gente rica", como chamávamos os brancos de classe média.

Falei para a professora que iria, logo que cheguei à escola. No final da aula, fomos de carro para o bairro Cidade Jardim. Chegando ao apartamento, ela disse sem nenhum rodeio e com a maior tranquilidade: "Tem uma sobra do lanche de ontem à noite ali, se você quiser pode comer. Eu comecei a fazer um curso e vou precisar que você venha segunda, quarta e sexta, à tarde. Nestes dias eu chego e já pego meu filho e entrego no Colégio São Paulo e vou pro meu curso. E você fica aqui dando uma ajeitada na casa pra mim. Hoje você pode limpar essa cozinha e lavar esta 'vasilhada' suja ai. Ó, to indo, viu? Quatro e meia eu volto". E assim ela saiu. Voltou um instante, rapidamente, com seu filho e disse: "Fala oi e dá tchau pra aluna da mamãe".

Eu fiquei lá com a minha ficha ainda caindo, de frente para uma pilha enorme de vasilhas. Assim que comi os restos do lanche – com uma baita fome que estava –, comecei a lavar e a pensar que não iria mais querer voltar.

Mais tarde, ela chegou e disse: "Oi! Ah, você não conseguiu limpar tudo ainda não? Até que horas você pode ficar hoje?" Eu disse que já tinha que ir porque tinha que pegar meu irmão na creche. Ela relembrou que tinha curso três vezes na semana e que precisaria de mim. Eu perguntei se ela não tinha o dinheiro do ônibus para me dar e ela falou que ia ver se tinha umas moedas, porque ela achava que eu ia subir pra casa a pé. Foi lá dentro e voltou perguntando quanto era a passagem; então, contou umas moedas e me deu. Fui embora cansada e com fome, mas maior que tudo era a minha decepção e dificuldade de elaborar o que havia acontecido comigo ali.

Ainda hoje, mais de vinte anos depois, choro se tiver que falar detalhadamente sobre isso. E escrever a respeito também não é simples.

Lembro que ao chegar em casa sentia dor no coração de tanta decepção. Minha mãe em nenhum momento perguntou a respeito. Então, não falei nada.

No dia seguinte, minha amiga que havia me alertado, me perguntou como foi e eu não tive coragem de dizer. Disse que foi bom e logo me afastei. Para a professora, dona Joana Darc, eu disse que não ia dar para ir porque minha mãe não ia deixar mais. Fiquei estudando nessa escola mais um tempo e dali pra frente a tal professora fazia que nem me conhecia.

Certo dia, um tio meu recém-casado, apareceu pedindo a minha mãe para eu ir morar com ele, porque ele achava que o bairro dele era muito melhor para uma criança sossegada como eu viver.

Minha mãe não pensou duas vezes e lá fui eu para uma nova escola. Uns dois meses depois, passei um fim de semana na casa da minha avó e quando cheguei à casa do meu tio não tinha ninguém lá. Meu tio tinha sido preso, pois depois de mais uma das surras que ela dava em sua esposa, ela o denunciou. E, como era estelionatário, ele foi preso. Tentei ficar uns dias na casa, mas não teve jeito, tive que voltar para casa da minha mãe.

Daí, então, não fui recolocada em outra escola e os dias se passaram. Mas, como que predeterminado para a maioria das garotas negras daquela época, pouco tempo depois, lá estava eu indo cuidar da casa e da filha de uma das patroas da minha mãe. Virei, oficialmente, trabalhadora doméstica.

Nesse período, minha mãe estava grávida da minha segunda irmã e certa noite de temporal uma parte da casa caiu e ficamos praticamente no sereno, pois era um barracão pequeno de dois cômodos.

Um tempo depois, a filha da ex-patroa da minha avó conheceu em um *spa* uma carioca de origem romena, casada com um americano, que vivia no Rio de Janeiro (eles sempre frisavam sua origem e lembro que foram as primeiras pessoas que me disseram que eu era descendente africana). Eles estavam precisando de uma empregada e a filha da patroa da minha avó logo pensou em mim. E argumentou que ela iria adorar, pois a minha avó trabalhou muitos anos para a mãe dela. As filhas da minha avó trabalharam para ela e para as irmãs dela; e agora eu já estava ficando mocinha e era muito bem "educadinha e cuidadosa." Eu já estava com onze anos de idade e me pareceu a oportunidade de juntar algum dinheiro para ajudar a minha mãe a levantar nossa casa caída.

Pouco tempo depois, lá estava eu em um apartamento em Copacabana. Muitas coisas marcaram minha passagem pela casa desta família, mas vou citar apenas quatro.

Primeira situação: O quarto de empregada não tinha espaço para uma cama, pois todos os restos da casa eram guardados lá. À noite, eu abria um colchão entre a área de serviço e a entrada do quarto. Pela manhã, como eu dormia no chão, eu sempre era acordada com o cachorro da casa lambendo o meu rosto. Foi nesta época decidi que nunca teria um cachorro.

Segunda situação: De início, perguntei para a dona da casa onde tinha uma escola para eu estudar à noite. Ela já foi logo dizendo: "Olha, tem uma escola aqui perto, que tem curso de pintura em pano de prato, à tarde, e posso olhar lá nas obras sociais pra você participar, mas estudar não é possível porque às dezoito e trinta meu marido chega do trabalho e às dezenove horas você tem que servir o jantar e depois arrumar a cozinha. Então, estudar não dá."

Terceira situação: Certa vez, atolada entre arrumação da casa, cuidados com dois cachorros, preparo de alimentação e ainda lavando roupas das três filhas do casal – duas jovens e uma pré-adolescente – eu acabei manchando uma roupa da mais velha, que na época estava com 22 anos.

Na mesma semana, eu tinha comprado umas bermudas com parte do meu pagamento, pois estava com minhas roupas gastas. Quando falei para a moça, chamada Débora, do acontecido ela pegou um garrafa de água sanitária e veio espirrando em mim dizendo: "Sua negra nojenta, você estragou minha roupa cara, então agora vai ver, negra nojenta". E assim ela despejou toda a sua raiva em mim com o vidro de água sanitária e manchou minha bermuda que eu havia comprado.

Quarta situação: Todos os finais de semana esse casal ia para um sítio que tinham na região de Itaboraí e me levavam para preparar as comidas e limpar lá, e em um final de semana não me levaram, porque a filha mais velha estava namorando um artista e iria recebê-lo. Então, eu fiquei para organizar o lanche que fariam. Mas, no dia da visita do namorado, ela recombinou o programa e decidiram ir para a praia com amigos. Ela decidiu me levar junto para ajudar a carregar as cadeiras de praia. A Débora então resolveu pegar um biquíni dela e me emprestar pra eu usar (choro muito sempre que me lembro disso). Fomos à praia e eu fiquei tomando conta das coisas, enquanto os jovens se divertiam. No final da tarde, a Débora me chamou para eu sentir um pouco a água do mar. Foram poucos minuto que eu banhei os pés, ela então me mandou pegar as coisas e fomos embora. Já em casa, organizei o lanche para a turma e depois eles foram embora.

Tarde da noite, quando o casal de patrões chegou, a filha disse pra mãe que havia ido com o namorado e amigos à praia e que me emprestou o biquíni. A mãe começou a xingar alto: "Não faça mais isso, emprestar roupa sua pra empregada, você não tem juízo, vou jogar este biquíni no lixo e você não se atreva a pegar de volta, não mude mais os planos sem me consultar. A empregada é minha, não é sua não, viu!? Eu só te emprestei". E aí pegou o biquíni e jogou no lixo.

Passado um tempo, um dia voltei a perguntar novamente sobre eu poder estudar e sugeri que deixaria o jantar organizado e, depois que chegasse do colégio, eu arrumaria a cozinha. Mas ela disse que não porque o marido dela gostava que servisse na hora e etc. e, mais uma vez, se recusou a me deixar estudar.

O tempo estava passando e a minha insatisfação aumentando, mas eu ficava pensando na dificuldade de voltar pra casa. Por outro lado, eu queria muito estudar e sentia saudades da família. Lembro que fiz aniversário naquela casa e foi triste não ter minha avó me desejando feliz aniversário.

Certo dia a patroa me chamou e disse que estava percebendo a minha insatisfação e que ia me levar de volta para Belo Horizonte. Então, voltei. Minha mãe estava com minha irmã bebê no colo e a casa estava com as paredes ainda caídas. Passei para ela o dinheiro que eu trouxe do meu trabalho e, pouco tempo depois, o cômodo foi refeito.

Eu já estava com doze anos e minha vida de trabalhadora doméstica continuou. E continuei sem muito diálogo em família. Os sofrimentos que passei não foram relatados a ninguém. O que, às vezes, contava para amigas eram histórias de artistas globais, que eu vi pelas ruas de Copacabana e algumas fantasias de gravações a que assisti ao vivo e por ai afora. Contudo, voltei muito decidida a tomar conta de minha vida e realizar meu desejo de voltar para a escola. Procurei a escola onde eu havia estudado, organizei meus documentos e busquei vaga em uma escola próxima. Voltei a estudar.

Lembro até hoje quando me matriculei no noturno da escola, eu era uma das mais novinhas da turma, estava com treze anos e a maioria eram jovens adultos e senhoras. Era difícil porque, com a minha volta, minha mãe tinha agravado seu alcoolismo na companhia do pai dos meus irmãos. Era um ambiente de muita violência doméstica e a responsabilidade pelos meus irmãos ficava mais por minha conta. Eram tantas as obrigações e ainda os deveres da escola, que fazia à noite sob a luz de uma vela, pois ainda não tínhamos luz elétrica em casa, naquela época. São muitas as questões que envolvem a vida de estudantes negros neste país, sobretudo quando se é estudante-mulher, porque as demandas de uma menina-mulher, em família, são ainda maiores.

Dali pra frente, outras questões vieram e eu tive ainda outras saídas da escola, assim como acontece com outros e outras milhares de estudantes negros e negras Brasil afora.

VANESSA CRISTINA DE JESUS (Vanessa Beco) estudou Moderação de Processos Grupais, com experiência em facilitação de atividades grupais, tendo moderado fóruns nacionais, estaduais e municipais. Como educadora social trabalhou em programas sociais como o Fica Vivo e o Projovem. Também prestou serviços para a Fundação Fiedrich Ebert, para a Fundep e para a Faculdade de Educação da UFMG. É ativista e liderança em grupos locais dos segmentos de Cultura Hip-Hop, Movimento Negro e Movimento Feminista. Atualmente coordena o Projeto Rosas Negras e o Projeto Hip-Hop das Minas pela Organização de Mulheres Negras Ativas. É educadora da Caravana Mães de Minas. Também é trançadeira, artesã. Tem formação técnica em administração de pessoal, gestão e planejamento cultural e, atualmente, está segraduando em Administração.

O LENCINHO BRANCO

Maria Fátima Pinheiro de Magalhães da Silva

MINHA infância foi toda passada na casa onde minha mãe e minha avó eram empregadas domésticas, fato muito comum na vida de crianças negras. A minha história começa na década de 40 e o meu ingresso na vida escolar começa no início da década de 50.

Viviam naquela casa três crianças, filhas dos patrões de minha mãe e de minha avó. Eu era uma criança quieta, vivia num mundo só meu, envolvida com meus brinquedos e minhas bonecas "brancas". Frequentemente, eu era obrigada a ceder os meus precários e poucos brinquedos para satisfazer a vontade "daquelas crianças". Sofria muito, reclamava com mamãe e vovó, mas não adiantava. Elas me pediam para não falar nada e me pediam uma quietude e uma conformação que era difícil de entender. Às vezes, pensava: será que as duas gostavam mais das "crianças" do que mim? Ficava triste, mas o sentimento passava... aliás, achava que passava.

Aos quatro anos, fui matriculada no Jardim de Infância de uma escola pública, perto de casa. Frequentei esta escola até os dez anos. Passei por tudo que uma criança negra experimenta numa escola num bairro de classe média do Rio de Janeiro, a Tijuca.

Aos nove anos, eu e meus colegas negros – meninos e meninas – ficávamos "*depois da saída*" para lavar os banheiros e os bebedouros da escola, às sextas-feiras. Quando tocava o sinal da saída, fazíamos a forma e lá de cima a professora nos *separava*, nos tirava das filas e nos colocava numa fila à parte, dispensava todos os outros alunos e, então, começávamos a trabalhar.

Aos longe, ouvíamos os gritos das crianças: *Sem saída!... Sem saída!... Sem saída!...* – ficávamos sentindo toda aquela humilhação, calados. Trabalhávamos calados, de cabeça baixa, com dor e vergonha.

Eu chegava tarde a casa, com a barra do uniforme molhada, com fome e reclamava com minha mãe. Ela pedia para não reclamar porque senão as professoras iam "tomar implicância". E assim o tempo foi passando.

Sempre fui muito boa aluna, mas apesar das notas altas nunca recebi uma medalha. Esse era o método da escola.

Gostava muito das minhas bonequinhas, mas especialmente de uma que Seu Joaquim, um amigo da terra de minha avó, me deu. Era bem pequenininha, de pano, e ele me deu de presente junto com um bercinho esculpido por ele. Levava a minha bonequinha para todo lugar que ia. Colocava minha Vanda - este era o nome de minha boneca - em uma sacola. Certo dia de aula, dona Matilde - minha primeira professora da sala rosa do Jardim de Infância, início da minha vida escolar - nos pediu que levássemos o nosso brinquedo preferido. Levei a minha Vanda e, quando já ia saindo de casa estando um pouco frio, voltei e peguei um lencinho branco bem bordado e lindo que ganhara de presente de minha madrinha. Cobri com cuidado a bonequinha e toda orgulhosa a levei para a escola.

Na hora do recreio, levamos nossos brinquedos e eu estava feliz. Foi quando aconteceu o fato que mais marcou a minha vida na escola, a pior experiência. Uma menina, filha de uma professora da escola, pegou a cobertinha de minha boneca, dizendo ser dela. A reação de dona Matilde foi acreditar na menina e dizer que jamais eu poderia ter um lencinho assim. Nunca esqueci o olhar daquela criança, daquela menina, olhar com o qual me deparei e continuo me deparando muitas vezes pela vida.

Nunca havia entrado na escola chorando, pois já sabia que tinha que ficar lá: - *Sua mãe e sua avó precisam trabalhar.* Mas, naquele dia, saí da escola chorando, dormi chorando. Porém, daquela vez minha mãe, minha avó e minha madrinha - três das quatro grandes mulheres da minha vida - reagiram e minha bonequinha, minha Vandinha não ficou com frio. E assim continuei na escola.

MARIA FÁTIMA PINHEIRO DE MAGALHÃES DA SILVA – Bibliotecária e documentalista com mestrado em Ciência da Informação e especialização em Documentação Científica, especialização em Hebiatria (Adolescência). É coordenadora de projetos sócio-educativos em Organizações Não Governamentais. Foi bibliotecária-chefe do Centro de Documentação – CEDOC da TV Globo Ltda. Militante e ativista do Movimento Negro e do Movimento de Lésbicas, Gays, Bissexuais, Travestis e Transexuais (LGBT).

A CIRANDA É BRANCA

Ângela Lemos da Cruz

O ANO: 1968. Local: Taguatinga – DF, cidade satélite da nova capital do Brasil: Brasília. Ano importante na minha vida e de toda minha família.

Antes de meus pais se casarem ou mesmo antes de se conhecerem, eles já tinham um plano para os filhos que por ventura tivessem. Os dois, cada qual em uma cidade, sonhavam em oferecer uma vida melhor para seus futuros herdeiros e esse sonho tinha um nome: estudo. Sim, sonhavam dar oportunidades para seus filhos para que se tornassem doutores a fim de conseguir respeito na sociedade. Oportunidade que não tiveram.

Meu pai era mineiro, criado na roça em Goiás, de família pobre e numerosa. Mãe negra e pai branco. O pai dele, meu avô, era rude, violento e preguiçoso, sustentado pela minha avó. Minha avó também rude, mas muito guerreira, sustentou seus filhos e marido na vida dura do campo. Ambos analfabetos.

Papai era o filho mais velho e com 18 anos saiu de Itapaci-Go e foi para cidade, também em Goiás, para servir no Exército. Foi aí que ele pensou estar sua chance de mudar de vida. Nunca gostou da vida que levava, pois trabalhava duro desde os quatro anos de idade. A primeira dificuldade que encontrou foi não saber nem assinar o nome. Mas o desejo de mudar era tamanho que pediu para alguém escrever e ele aprendeu a copiar.

Assim que terminou seu tempo no Exército ele tinha uma certeza: não voltaria mais para aquela vida. Não tinha ideia do que fazer. Ainda pensava: "Só vou casar no dia que eu puder oferecer uma vida boa para minha mulher e meus filhos." Só não sabia por onde começar. Tinha outro sonho: tirar sua família daquela vida.

No dia que saiu do Exército, sem rumo, viu um caminhão e as pessoas gritando: *Vamos trabalhar gente, a nova capital está surgindo, tem oportunidade para todo mundo*. Não pensou duas vezes, entrou no caminhão e foi em busca de uma vida melhor.

Chegando em Brasília, cidade ainda em construção, arrumou trabalho como servente. Ficou algum tempo, mas não estava satisfeito. Um dia estavam recrutando trabalhadores em várias áreas. Ele contava que viu duas filas: uma para pedreiro e outra para ser policial.

Escolheu entrar na fila para ser policial, por dois motivos: o primeiro é que tinha muito medo da polícia, pois esta o perseguia sempre. O segundo, por não querer saber de trabalho braçal. E, assim, meu pai tornou-se policial.

Começou então a lutar para realizar seus dois maiores sonhos. Para isso, trabalhava de domingo a domingo (tirava plantão para os colegas que o pagavam), comia pão com água e açúcar. Assim, foi construindo seu patrimônio. Comprando lotes e construindo. Tornou-se um homem rico.

Minha mãe, mulher negra, era filha de um homem negro com uma mulher branca. Sonhadora, queria uma vida melhor. Também foi criada na roça. Porém, minha avó teve oportunidade de estudar mais, pois sua família tinha posses, eram fazendeiros. Perdeu o direito à herança quando teve que fugir com meu avô para se casar. A família dela era contra o casamento por ele ser negro e analfabeto. Assim que seus filhos cresceram, ela exigiu que meu avô vendesse seu pedaço de terra e comprasse na cidade uma casa para que pudesse colocar os filhos na escola. Assim foi feito. Mudaram para Ceres-Go.

Como minha avó era muito religiosa, ajudava na igreja e fez amizade com as freiras e padres, conseguindo assim que seus filhos estudassem no colégio deles. Minha mãe estudou até a 4ª série. Mas a vida nem sempre é como sonhamos ou desejamos. A vida foi ficando difícil na cidade e minha mãe e duas de suas irmãs tiveram que ir para São Paulo trabalhar em casas de família.

Minha mãe tinha horror ao trabalho doméstico, como tem até hoje. Dizia sempre que um dia encontraria alguém que a tiraria dessa vida. Não se adaptou em São Paulo e voltou. Um dia foi a Brasília visitar uns amigos e se apaixonou pela primeira vez. Voltou e convenceu meus avós a se mudarem, pois lá estava a chance de toda família mudar de vida. Na verdade, ela queria reencontrar seu grande amor com quem, aliás, nem tinham conversado.

Mudaram todos para Brasília em busca de uma vida melhor e mamãe em busca da sua paixão. Trabalhou em casa de família e por coincidência foi morar em frente à casa do seu amor. Conheceram-se de fato, se apaixonaram e, em 1961, se casaram. Nessa época, meu pai já tinha uma situação financeira melhor.

Desse amor eu nasci. Era o ano de 1962, véspera de Natal. Fui uma criança muito esperada, principalmente pela família da minha mãe, pois seria a primeira neta e sobrinha. Tive a sorte de ser muito bem recebida neste mundo. Nasci numa casa cheia de amor, protegida e desejada. E toda expectativa recaiu sobre mim e depois sobre os meus outros três irmãos (duas irmãs e um irmão). Seríamos os primeiros da família, dos dois lados, a ter oportunidade de estudar.

Tive uma infância saudável, além de amor, muito conforto. Passeávamos muito, viajávamos, tínhamos muitos brinquedos. Meus pais brincavam muito com a gente. Era delicioso! As lembranças dessa época são doces.

Desde pequena meu pai me dizia o tanto que era importante estudar e que só deixaria a gente trabalhar quando estivéssemos formados. Ele queria que eu fosse médica. Fui educada entre livros. Minha mãe adora ler e meu pai sentava-se com a gente na sala e nos deixava folhear seu jornal diário.

Eu era uma criança esperta, dócil, inteligente, bonita, cheia de autoestima, pois minha família sempre me incentivou. Espontaneidade era minha marca; desinibida, conversava muito. Enfim, uma criança feliz, criada dentro de um ambiente saudável e seguro. E, claro, cheio de carinho.

Em 1968, então, foi o ano tão esperado, por mim, por meus pais e por minha madrinha, que sempre esteve presente. Ela é irmã da minha mãe e uma pessoa muito especial na minha vida, minha segunda mãe. Aquele era o ano em que eu entraria para a escola.

Mamãe escolheu o melhor colégio existente na época: de freiras, escola bem cara, o Colégio Stela Maris. Ela pensava no meu futuro e queria "o melhor" pra mim. Meus irmãos também estudaram lá.

Comprar os materiais escolares foi um sonho. Como amei escolher tudo, fomos eu e minha mãe. Eram lápis de cor, canetinhas, borrachas, lápis pretos, apontador, papéis coloridos. Pude escolher o que eu queria. Ali, construí um amor por papelarias, que sobrevive até hoje.

Chegou o grande dia. Já fui toda orgulhosa para meu primeiro dia na escola, pois já sabia escrever meu nome. Tinha cinco anos e fui para o Jardim de Infância. Que dia feliz! Minha mãe, meu pai e minha madrinha foram presenciar aquele dia histórico.

Lembro que achei o colégio lindo, grande, poderoso. Vi o parquinho e fiquei doida com ele. Eu ficava imaginando a professora chegando, me abraçando e dizendo que eu era muito inteligente, pois já sabia escrever o nome.

Antes de entrarmos para as salas de aula, fomos recebidos dentro da Igreja, que fazia parte da escola. O colégio funcionava do Jardim de Infância à 8ª série. Todos os alunos – os novos como eu e os antigos – estavam lá. Até que ouvi chamar meu nome, já saí gritando – *Presente!* –, imitando os meninos mais velhos.

Fiquei tranquila, não chorei como acontece com uma parte das crianças que se separam pela primeira vez dos pais, pois é um mundo novo e estranho. Mas, para mim, não era nada estranho, parecia que eu já conhecia aquele lugar. Doce ilusão!...

Não me lembro claramente do primeiro dia; me recordo vagamente dos momentos em que fazíamos filas para pegar o lanche que estava na lancheira, mas tenho na lembrança o sabor delicioso do lanche que minha mãe preparava. Tinha hora de irmos para o parquinho e tinha hora de descansar. E me lembro bem da alegria quando cheguei em casa para contar, ficava pulando em frente às pessoas, falando sem parar. Estava muito feliz.

Com o tempo, comecei a perceber que eu era diferente dos colegas da escola. Aliás, os colegas fizeram questão de me mostrar a diferença. E não demorou muito. Foi ainda no Jardim de Infância que mexeram e riram dos meus cabelos. Que golpe! Mal sabia que era só o começo.

No outro dia não queria ir à escola. Aprontei um berreiro só e nesta hora meu pai chegou. Foi a primeira grande bronca que levei dele. Eu não conseguia explicar por que não queria ir. Inventei que era por causa do lanche, mas não era; estava com medo de fazerem chacota de novo com meus cabelos. Tive que ir para escola e desta vez sem nenhuma vontade, angustiada. Mas fui. Não podia decepcionar meus pais.

Não demorou muito para as outras crianças começarem a me perseguir. Não pararam mais. Meus cabelos eram o alvo. Falavam que era ruim, duro, feio. Era uma angústia. Vivia preocupada. Se ventasse ele subia, se chovesse, enrolava.

Meus cabelos se tornaram um problema. Toda noite minha mãe sentava-se comigo e enrolávamos bobes enormes em nosso cabelo. À noite era um tormento. E mais tormento quando chegava a hora de ir para a escola. E assim foram todos os anos.

Porém, meus pais me incentivavam a estudar e afirmavam que o estudo era a única herança que eles poderiam nos deixar. Diziam também que o estudo era o único meio de acesso ao sucesso, por isso nos educou com muito amor e incentivo. Minha mãe e minha madrinha me auxiliavam nas lições de casa e nos trabalhos escolares, em um local sossegado da casa, dando dicas, indicando pesquisas, relendo e comentando as atividades realizadas e mesmo resolvendo alguma dúvida.

Incentivavam a leitura. Eu amava meus livros infantis e tinha vários deles. Minha mãe participava dos eventos que aconteciam na escola, como reuniões de pais e mestres e festas. Para nos ajudar mais ainda, tanto meu pai como minha mãe voltaram a estudar.

A menina desinibida foi morrendo aos poucos. Comecei a ter dificuldade de interagir com outras crianças. Já não conseguia fazer amizades facilmente. Ninguém queria brincar comigo no recreio. Aí arrumei uma estratégia. Além do lanche que levava de casa, meu pai dava dinheiro para comprar alguma coisa na cantina. Eu comprava tudo em bala para distribuir para os colegas, na esperança de conquistá-los. Realmente na hora ficava rodeada de meninos e meninas. Mas, assim que pegavam as balas, afastavam-se de mim.

Fui vivendo uma solidão dolorosa. Era uma boa aluna, estudava muito, tirava notas boas, mas nem assim os professores olhavam para mim, a não ser para também me humilhar. Como eu sofria, ficava torcendo para ter pelo menos uma professora para reconhecer meus talentos. Nenhuma.

Todos os anos as minhas colegas e meus colegas iam aprimorando a maneira de me xingar, me reduzir a nada. Tinha um menino que liderava a turma para mexer comigo. Era um menino loirinho cujo nome não esqueço: Luís Flávio. Quando ele aparecia, tremia de terror. Ele inventou uma música que cantava todos os dias assim que eu entrava na escola.

A música nunca esqueci também, pois ouvia todos os dias: *Negra preta do sovaco fedorento, bate a bunda no cimento para ganhar mil e quinhentos.* A música colou e virou meu hino de boas-vindas. Um pesadelo. E não tinha ninguém para me salvar, nenhuma professora. Sofria sozinha.

Meus pais não tocavam nenhum instrumento, mas incentivavam os filhos a estudar música. Estudei piano durante três anos. Não consegui aprender. Não sei até hoje se foi por que não tinha dom ou se a menina desinibida estava morrendo. Estava perdendo o que me fazia viver: a fantasia da vida.

Mas também não desistia, afinal tinha sonhos, queria me formar, ser uma médica. Sonhos que para mim não eram fáceis de realizar. Mas continuava me esforçando e era reforçada pela minha família.

Eu tinha horror ao dia 13 de Maio porque eu sabia que os professores falariam sobre mim. Os professores passavam uma ideia muito ruim sobre minha raça. Os colegas olhavam logo para mim. E quando chegava aquele dia parecia que era pior. Era como se ganhassem força para me chamarem de macaca, fedorenta, cabelo duro. Minha autoestima foi para o buraco.

Eu nunca gostei dos meninos da escola, mas imagina o que é pra uma garota de doze anos, por mais inteligente que seja, ouvir que alguém tem nojo da sua aparência? É pra matar qualquer autoestima em formação!

E quando chegava a época de quadrilha?! Ninguém queria dançar comigo. E eu era doida com a festa. Sempre dançava com quem sobrava e só sobravam meninas e eu querendo dançar com os meninos, assim como as outras meninas.

Eu era inteligente e tentei usar isso a meu favor. Deixei as balas de lado e comecei a passar cola para meus colegas, na esperança desesperadora de ser aceita. Que nada! Aceitavam minha cola e nada.

Consegui fazer algumas amizades. Mas, minhas amigas de vez em quando falavam alguma coisa que me magoava. Um dia estava num grupinho e uma delas falou que os negros fediam. Na mesma hora, olhou para mim e disse: *Mas você não é preta, Ângela, é moreninha.*

Daí, eu resolvi "ignorar", fingir que não ouvia. Mas, fora da escola, eu só fazia chorar. Chorava muito em casa, escondido de todo mundo. Não queria que ninguém soubesse, tinha vergonha. Comecei achar que ser negra era um castigo. Não sabia onde tinha pecado, mas entendia que era castigada.

Eu ia às missas, rezava, era boa, não entendia porque tamanho castigo. Inclusive participava de um grupo de jovens, JUPA (Jovens Unidos pelo Amor). Adorava. Teve um ano que as irmãs organizaram um encontro chamado "Escalada". O grupo de jovens ia sair da escola e ir para um lugar, tipo retiro. Fiquei toda animada, pedi para meus pais que me deixaram ir.

Para minha surpresa, a freira responsável pelo passeio disse que não tinha mais vaga. Lembro que chorei muito. Ela voltou atrás e me disse: *Tudo bem tem uma vaga só, mas é de quem chegar primeiro, bem cedinho.* Não entendi, pois todos do grupo JUPA iam.

A hora marcada para todo mundo sair era às sete horas. Cheguei em casa e falei para minha mãe que se eu quisesse ir tinha que chegar às cinco da manhã. E chegamos. Só eu. Por que só eu? Fui, amei o passeio, tive encontro com Deus. Foi lindo!

Deus estava muito ligado a minha família e à escola. Mamãe sempre dizia que se eu fosse uma boa menina, Deus ouviria meus pedidos. Pedia todos os dias as mesmas coisas para Deus: que parassem de me xingar, que meu cabelo ficasse quietinho e parassem com a "musiquinha". Nunca fui atendida. E era uma boa menina. Hoje sou ateia e só há pouco tempo descobri por quê. Deus, na minha infância, me decepcionou quando não ouviu meu pedido.

As professoras me ignoravam completamente, tanto que nem me lembro delas, não guardei nome e nem tenho carinho por nenhuma. Elas foram omissas, mesmo quando não incentivavam ou exerciam o racismo. Tinha uma professora que não sei o nome e nem me lembro da fisionomia dela, que toda semana escolhia por fileira um aluno ou aluna que ficaria responsável por vigiar as outras crianças e olhar se fizemos as tarefas. Ficava torcendo para chegar minha vez. Bom, estou esperando até hoje. Sempre quando chegava minha vez, eu era pulada.

Tinha uma colega, Soraya, que quando era a vez dela, pegava meu caderno e dizia que estava feio e mostrava para todo mundo. Todo mundo ria. A professora? Silêncio total. Aliás, Soraya só repetia o que as professoras faziam comigo.

E na Coroação de Nossa Senhora? Sempre sonhei em fazer o papel da Nossa Senhora. Não podia. A Nossa Senhora deles era branca. E nem era escolhida para participar dos teatros que ensaiavam. Toda sexta-feira tinha hora cívica e cada semana era uma turma. Só fui escolhida uma vez, a peça era a representação dos estados brasileiros. Escolheram para eu fazer a baiana. Fiquei muito feliz. Cheguei em casa contando e chamando todo mundo. Nos ensaios foi um horror! Não sabia dançar. Travei. Chorei e quem estava me ensaiando disse: *Vem no dia com uma roupinha bem bonita que te deixo ficar no canto do palco*".

Depois fui pensar. Por que eu não dancei? Claro, já tinha travado quando os meninos não queriam dançar comigo nas festas juninas. E até hoje, infelizmente, não consegui vencer, não sei dançar.

Um episódio que marcou demais e todas as vezes que me lembro a dor volta, foi quando vi minha irmã Dag ser humilhada também. Vi os colegas dela pegando sua pasta escolar e jogando de um para outro. Ela no meio, desesperada querendo pegar a pasta de volta. E os meninos rindo e chamando o cabelo dela de ninho de passarinho. Assisti a tudo e fiquei imobilizada, não consegui ajudá-la. Nós não comentávamos em casa sobre o que sofríamos na escola. Mas, naquele dia descobri que todos os meus irmãos sofriam a mesma coisa.

Com a minha outra irmã, Fausta, foi pior ainda, porque ela é um pouco mais clara que a gente, e foi considerada a branquinha. Imagino que por isso viveu grandes conflitos. Só ficamos sabendo que ela também sofreu racismo há pouco tempo. Ela relata que tinha vergonha, chamava-a de beiçola, cabelo fedido. A gente sempre achou que ela era muito tímida. Na realidade era uma criança solitária. Ninguém na escola queria brincar com ela. Fausta, com isso, teve dificuldade na escola. Quando veio a primeira paixão nessa escola, as colegas correram para contar ao menino e esse chegou para ela e disse: *Eco!*

Comecei a prestar atenção também na minha mãe. Ela, como eu disse, era muito participativa na escola. Ia a todas as reuniões, participava das festas, participava na missa, ajudava financeiramente. Mas nunca era chamada para nada, só as outras mães. Ela também sofreu racismo na minha escola.

Houve vários episódios naquele colégio. Consegui terminar a 8ª série com louvor. Mas garanto que não foi graças à escola e seus professores; foi devido ao meu próprio esforço e o incentivo que tive da minha família.

Não me formei em Medicina, porque descobri que não era o que eu queria. Sou psicóloga, amo minha profissão. Entrei na faculdade com dezoito anos. E esse é meu consolo. Apesar de quererem me excluir da escola, não conseguiram. Hoje sou uma boa profissional e me sinto realizada. Fui, como planejaram, a primeira pessoa da família a se formar. Abrimos caminhos para os outros que vieram.

Mas restaram cicatrizes profundas que, às vezes, se abrem e viram feridas. Como agora que estou escrevendo. Dói e eu choro muito ao relembrar. Fiz dessa dor uma "bandeira" pela modificação dessa realidade de desigualdades. A participação em movimentos sociais e em partido político foi um dos caminhos encontrados para lutar por um mundo mais justo, de relações mais solidárias e um mundo sem preconceitos.

Anos de terapia foram necessários para acabar com minha timidez, que outros construíram, para voltar a ser aquela menina esperta, inteligente, bonita e feliz. E busco dentro de mim a fantasia da vida.

Porém, como diz minha amiga Benilda Brito: *Vocês, professores, não imaginam a marca que deixam em seus alunos e não há Freud, Eduardo de Menezes, Chico Xavier, Alan Kardec que cure.*

ÂNGELA LEMOS DA CRUZ – Especialista em Sexualidade Humana e em Gestão Descentralizada de Programa em DST/Aids. Possui graduação em Psicologia pela Universidade de Uberaba (1987). Atualmente é psicólogado Hospital João XIII da Fundação Hospitalar de Minas Gerais, coordenadora pedagógica do N' Zinga . Presta consultoria e assessoria nos seguintes temas: Sexualidade, Relação Étnico-Racial e Moderação de processos Grupais. e-mail: angelalemosdacruz@yahoo.com.br

A HISTÓRIA DA CONTADORA DE HISTÓRIAS

Denise Ribeiro

CONTADORA de histórias, eu? Essa é uma boa diversão, chega a ser interessante perceber quanta coisa há para se contar nesta nossa terra, simplesmente porque não se registram as histórias corriqueiras feitas pelos que vivem à margem da história formalizada, ainda que esta também seja reconhecida como sendo sua história. Seria a história formal uma verdadeira história? Ou terá ela algum dia a tarefa de contar outras histórias? Ou será que existe uma categoria de história onde essas nossas histórias se inscrevem?

Meus caros leitores, sei que vocês também se divertem com essas coisas, mas nem sempre é divertido perceber o quanto nos roubam ao nos negar espaço de conhecimento e reconhecimento de nossas experiências. Percebemos também que sempre houve aqueles e aquelas que de alguma maneira fizeram e fazem esse trabalho no paralelo, na margem, no gueto. Na verdade, o gueto não é uma escolha; ele se tornou a única via, onde nos encontramos, nos reconhecemos e compartilhamos experiências comuns sem estranhamento. Mas ele nem sempre é uma escolha e para muitos de nós não é a margem, ele é o centro onde os outros circulam nas margens.

Hoje resolvi contar uma de minhas histórias comuns a outras mulheres negras do gueto, que na sua infância estudaram em escola pública, como esta mulher de quem vou falar. Mas devo revelar a vocês que, antes de chegar a essa escola pública, no interior da Bahia, ela estudou na capital. Sua primeira escola infantil foi uma escolinha particular do bairro onde morava.

Ela devia ter uns quatro anos de idade e sonhava todo dia com essa experiência de estudar, aprender a ler para ler as histórias do Batman e ter vários coleguinhas diferentes. Isso porque em sua rua a maioria das crianças já estudava. Sua mãe fazia questão de que ela estudasse naquela que era a melhor escolinha do bairro; fez um esforço danado para conseguir uma bolsa de estudos, acreditava que dessa forma iria livrá-la do seu mesmo destino trágico.

Este ano era a vez dela. Sua surpresa foi que no primeiro dia de aula, assim que chegou, percebeu que não havia crianças negras na sala. Pois é, meu caro leitor, essa criança de quatro anos de idade estava diante de uma classe composta exclusivamente de crianças brancas. Ela se surpreendeu, não por tais crianças serem brancas, mas pela total falta de crianças negras. Como isso era possível? Na sua rua eram todas misturadas e a maioria eram crianças negras, então onde elas estavam? Porque não estavam ali? Mas, meus caros leitores, vocês sabiam que esse mundo só de brancos não surpreende aos brancos? Na verdade eles até preferem assim, pois é assim que eles se enxergam, no centro e a nós, nas margens...

Bom, mas para piorar sua surpresa, as crianças brancas também se assustaram com a presença dela, afinal era a única negra na sala. Assim que ela se aproximou dos colegas, um dos meninos passou a agredi-la com xingamentos racistas e mesmo agressões físicas. Ele puxou suas tranças e ela, instintivamente, segurou nos cabelos dourados dele e como estava muito assustada não conseguiu mais largar. Um racista de quatro anos de idade, dá pra imaginar? Como isso se cria?

As outras crianças gritaram, a professora não sabia o que fazer, e eles não se largavam, até que alguém conseguiu separá-los. Aí ela percebeu que estava com as mãos cheias de cabelo loiro do menino. Ela chorou muito e ele também chorava. Ele porque não queria ter sido tocado por ela e ela, de decepção e frustração, pois não era essa a ideia que tinha da escola, nem do seu primeiro dia de aula. E ali ela aprendeu uma valiosa lição de vida: a de como a violência é muitas vezes a única saída.

Essa, sem dúvida, foi uma experiência marcante na sua pequena vida de estudante. De qualquer maneira o fato de ter reagido à agressão sofrida fez dela uma criança temida entre as outras crianças brancas, que passaram a querer agradá-la, com medo de terem seus cabelos arrancados também. As professoras, a pedido dos pais, resolveram trocar o menino de turno e nunca mais eles se encontraram naquela escola.

No ensino fundamental ela foi estudar em uma escola pública, no interior, e lá o cenário era exatamente o oposto: a maioria das crianças eram negras. Nessa escola, as crianças brancas eram minoria, mas não eram agredidas pelas crianças negras; pelo contrário, elas eram bem acolhidas quando chegavam, eram as preferidas das professoras e coleguinhas, sentavam-se, geralmente, nas carteiras da frente, ajudavam as professoras nas tarefas e eram sempre as escolhidas para serem rainhas do milho, pois anualmente ganhavam a eleição como sendo as mais bonitas de toda a escola. Essa foi outra lição aprendida.

Nessa escola ela estudou em diferentes livros de história. Em todos eles, os negros eram apresentados como escravos e essa era a única participação negra nas histórias. Elementos da cultura negra eram apresentados como folclore e tinha uma semana de comemoração, quando algumas crianças eram fantasiadas de escravo, saci-pererê, pescador, baiana de acarajé, nêga maluca, sereia... e eram levadas a desfilar nas ruas do bairro, comemorando o folclore. Nessa época, ela queria muito sair fantasiada também, mas sua mãe não permitia, aliás, a mãe sempre arrumava uma briga com as professoras e se colocava contra esse tipo de comemoração.

Foi nessa escola que ela aprendeu a ler Machado de Assis. Havia um trecho, em um de seus romances onde ele descrevia os olhos de Capitu e ela ficou curiosa em saber como aquela história terminava. Foi tanta a curiosidade que acabou lendo o livro todo. Machado fez com que ela consultasse o dicionário mais vezes que qualquer professora, pois para lê-lo isso era imprescindível, mas ninguém nunca lhe disse que Machado, aquele homem tão culto, era negro como ela e seus colegas. Esta lição ela aprendeu bem mais tarde.

Ela tinha uma professora de Matemática que se chamava Semíramis. Uma mulher negra, baixinha, muito inteligente, uma grande professora. Conta o mito que Semíramis foi uma bela rainha, segundo lendas gregas, e reinou sobre a Pérsia, Assíria, Armênia, Arábia, Egito e toda a Ásia, durante mais de 42 anos. Foi fundadora da Babilônia e de seus jardins suspensos, ou seja, era uma deusa negra, como sua professora. Semíramis, na mitologia, subiu ao céu transformada em pomba, após entregar a coroa ao seu filho. Porém, essa história ela mesma pesquisou e não aprendeu na escola.

Pró Semíramis era espírita e foi a única professora que nunca faltou a uma aula em toda sua trajetória escolar. Todos a respeitavam e o livro de Matemática era o único que todos compravam. Ela tinha um jeito muito tranquilo de ensinar a matéria e de olhar nos olhos de seus alunos até perceber que eles não tinham dúvidas.

Já a professora de Música não tinha muitos recursos para ensinar e, embora fosse uma matéria que interessasse muito às crianças, a carga horária era pequena e não havia recursos materiais para ela dar uma boa aula. Tinha também aula de Religião. Esta era uma freira da igreja local que ensinava, ou seja, era aula de catolicismo, não havendo espaço para outras concepções religiosas nessas aulas. Essa foi uma dura lição também aprendida.

Nessa escola ela teve sua melhor amiga que era uma menina sarará, quase albina, que se sentava perto da carteira dela. Os garotos negros colocavam apelidos, xingavam e abusavam da menina albina. Diziam que ela era Vanusa, uma cantora da época; depois passaram a chamá-la de Xuxa, essa vocês sabem quem é. Desse tipo de situação ela trazia a experiência do Jardim de Infância e por conta disso estavam sempre juntas. Juntas, ela e a amiga, não tinham medo dos meninos e enfrentavam a todos com pedradas e chamando--os para brigar na saída. Nessas brigas, as duas sempre iam unidas e guerreavam, não se davam nunca por vencidas.

Cresceram como melhores amigas e só se separaram no segundo grau, quando cada uma foi estudar em uma escola diferente, mas a amizade permaneceu por muito tempo depois. No segundo grau, ela foi estudar novamente em uma escola particular e o cenário era o mesmo do Jardim da Infância: as meninas negras eram minoria.

Também na faculdade ela era uma das poucas garotas negras. Lá, colegas e professoras afirmavam constantemente que ela era uma privilegiada por estar ali. Mas, para ela, foi como retornar ao Jardim da Infância e lá encontrar o menino loiro que quase arrancou suas tranças e de quem ela arrancou os cabelos um dia, além das dezenas de rainhas do milho, todas reunidas.

Só que agora ela não se assustava mais com os brancos, não esperava que eles a acolhessem e também não tinha ilusões com a academia. Ela aprendeu com pró Semíramis a olhar nos olhos dos brancos até fazê-los acreditar que nada sabiam. Aprendeu com sua mãe que sua história não era folclore. Aprendeu que o catolicismo era apenas uma das possibilidades de religião e com a amiga albina aprendeu a não ter medo de desafios, a guerrear e a nunca se dar por vencida.

Como você pode ver, meu caro leitor, o gueto nem sempre é uma escolha, muitas vezes ele é a única saída. Na luta contra o racismo, as escolas nos ensinam algumas histórias, mas a vida é o fio condutor que nos faz aprender a superar nossos próprios desafios, enquanto mulheres negras, porque isto não está em nenhum livro de história e nem mesmo nos livros de Machado; isso só existe para nós, que aprendemos a ler e a escrever aqui, nas margens.

DENISE RIBEIRO – É coordenadora de Políticas Afirmativas da Universidade Federal do Recôncavo da Bahia – UFRB e professora da Universidade Federal do Recôncavo da Bahia, atuando no Centro de Ciências da Saúde, CCS/UFRB. Graduada em Licenciatura em Nutrição e Dietética pela Universidade do Estado da Bahia (1985), Bacharel em Nutrição pela Universidade do Estado da Bahia (1993), especialista em Desigualdades Raciais na Educação pelo CEAO/UFBA, especialista em Saúde da Família pelo ISC/UFBA e mestre em Saúde Comunitária pelo Instituto de Saúde Coletiva da Universidade Federal da Bahia (2002). Atualmente cursa o doutorado no Instituto de Saúde Coletiva da UFBA. Foi coordenadora do GT de Saúde da População Negra, da Secretaria Municipal de Saúde de Salvador (2009). Tem experiência na área de Saúde Coletiva, com ênfase em Antropologia da Saúde, atuando principalmente nos seguintes temas: Saúde da População Negra, Saúde Coletiva, Políticas de Combate ao Racismo, Promoção da Equidade Racial e de Gênero, Feminismo Negro, Segurança Alimentar e Nutricional e Saúde no Candomblé.

APRENDIZAGENS DE MÃE

Ariane Celestino Meireles

FUI PARA a escola pela primeira vez aos sete anos de idade. Para estudar, né? Porque já havia ido outras vezes para acompanhar minha mãe, dona Adélia ou meu pai, seu Otávio, nas reuniões de família que havia nas escolas em que minhas irmãs e meus irmãos estudavam. Eu era uma das mais novas da família. Eu e meu irmão de 5 anos. Eu tinha 4 irmãos e 4 irmãs. Faça aí as contas para saber quantos éramos na minha casa.

Isso mesmo: éramos 9. Gente à beça numa só família. O nome das mulheres: Ruth, Nérias, Lídia, Ana Lúcia e eu, Ariane. Dos homens: Samuel, Joel, Josué e Marcos.

Eu era uma das mais novas da casa. Tinha muita vontade de ir para a escola aprender as coisas, principalmente ler e escrever. Sobre isso falo daqui a pouco, porque agora vou falar de uma outra coisa que aprendi com minha mãe, dona Adélia, quando era bem pequena e a acompanhava todas as semanas para as compras na feira de São Torquato, o bairro onde eu morava na periferia de Vila Velha, no Espírito Santo (aproveite para dar uma olhadinha no mapa do Brasil para ver onde fica o Espírito Santo!). Então, no caminho da feira, minha mãe sempre me dizia: "filha, preste atenção. Nós devemos comprar nas bancas das mulheres, sabe por que? Porque nós mulheres precisamos de independência. Independência é ser livre. Quando temos nosso próprio dinheiro, que ganhamos com nosso trabalho, então podemos ser independentes. É muito importante que as mulheres sejam independentes".

Eu achava aquilo legal e aprendi a comprar laranjas, bananas, melancias, coentro, alface, peixe e flores nas bancas das mulheres. Ela ainda me dizia: "procure as bancas das mulheres negras mais velhas, depois as das mulheres mais jovens. As mais velhas sempre devem ter prioridade, porque são as que precisam de apoio na velhice. Se elas têm dinheiro nas mãos, terão mais possibilidade de viver melhor. As jovens têm mais chances e oportunidades".

Assim, entre as conversas no caminho da feira com minha mãe, aprendi um monte de coisas que passei a compreender melhor ainda quando cresci.

Esta parte de quando cresci, conto depois. Agora vou voltar lá para a escola, quando fui estudar aos sete anos de idade. Me acompanha?

Quando cheguei para estudar na escola, minhas irmãs e meus irmãos mais velhos já haviam me ensinado a ler e escrever um pouquinho. Eu pensava que seria muito legal chegar à escola já sabendo um pouco do que a professora iria ensinar. Pensava até que seria fácil para eu aprender o resto. Aí me enganei e vou te dizer por que.

Eu era uma garotinha muito tímida, tinha vergonha das pessoas e ficava bem quietinha durante a aula toda. Às vezes dava vontade de ir ao banheiro fazer xixi, mas eu tinha vergonha de pedir à professora e então eu fazia ali mesmo, sentada na "carteira"[1]. Nenhuma vez a professora chegou perto de mim para perguntar se eu estava bem, se queria ir ao banheiro, não perguntava nada! Os moleques riam de mim e eu tinha vergonha de sair para o recreio toda molhada. Ficava ali na sala, sentada, às vezes sem merendar.

Eu percebia que a professora era mais atenciosa com outras meninas e meninos. Ela até passava a mão nos cabelos delas, mas eu nunca experimentei esta sensação vinda desta professora. Será que ela pensava que meu cabelo espeta? Acho que as minhas professoras ainda não haviam conhecido a delícia que é passar a mão num cabelo crespo, ou pixaim ou "de pico", como dizemos no Espírito Santo. Tem umas molinhas tão gostosas de afagar... mas elas não sabiam. Acho que eu também não. Aprendi depois como nosso cabelo é maneiro e agora eu vivo passando a mão nos meus cabelos, que uso *Black Power* às vezes, e também nos cabelos das meninas e meninos que se tornaram minhas alunas e alunos. Êpa!! Já falei que sou professora... isso era pra depois.

Mas vamos voltar lá na história da minha timidez quando criança de sete anos: teve um dia que eu estava bem, bem sequinha (neste dia deu vontade de ir ao banheiro antes da professora entrar na sala!) e com vontade de me sentir mais livre, como dizia minha mãe sobre as mulheres. A professora havia saído da sala e as crianças estavam fazendo uma bagunça danada. Gritavam, atiravam bolinhas de papel, corriam pela sala... uma deliciosa bagunça mesmo! Eu decidi sair da minha carteira e me sentei na janela da sala para ver a bagunça da criançada. Fiquei sentada de costas para o corredor e

---

1 Carteira era o nome que dávamos aqui no Espírito Santo ao conjunto de móveis em que as(os) estudantes sentam, composto por uma mesa e uma cadeira. Na época que eu tinha sete anos, em 1978, estas carteiras eram bancos de madeira com mesa e lugares para duas pessoas. Ainda existem desses móveis em algumas escolas do Brasil.

não vi quando a diretora passou por trás de mim. As crianças perceberam a aproximação da dona Zélia e sentaram-se rapidinho. Eu nem tive tempo de correr para a minha carteira, quando a dona Zélia chegou na porta e gritou: "Eu sabia que esta bagunça tinha que ser desta macaca! Olha só onde ela está pendurada!!!".

Morri de vergonha, a meninada começou a rir de mim e eu me senti muito mal. Dona Zélia não podia ter feito aquilo, ela sabia que eu era quietinha e que não estava fazendo aquela bagunça toda sozinha, mas ela decidiu colocar para fora todo o racismo dela e me ofendeu muito. Lembro que, quanto mais as crianças riam de mim, mais ainda ela falava de pessoas negras chamando vários nomes ofensivos. Foi tenso!

Naquela época, estava passando no cinema o filme King Kong, a história de um gorila gigante. Meus colegas começaram a me chamar de King Kong e minha vida virou um tormento na escola.

Vou falar de três coisas que aconteceram comigo, a partir deste episódio:

1. Quis embranquecer[2] . Eu via que minhas colegas brancas ou mais claras do que eu não eram humilhadas na escola. As professoras gostavam mais delas. Queria alisar meu cabelo, me esfregava no banho com bucha para ver se saía a "tinta"[3] da minha pele e muitas outras coisas.

2. Quase fiquei reprovada[4]. Tinha tanta vergonha que ficava sem prestar atenção nas aulas e nem conseguia estudar em casa.

3. Queria sair da escola[5]. Minha mãe, muito cuidadosa comigo, não permitiu que eu saísse. Me obrigava a ir à escola mesmo quando eu não queria ir.

Minha mãe passou a perceber que eu estava diferente, muito mais quieta que antes, não queria nem brincar de queimada na rua com minhas colegas. Ela me perguntou o que havia acontecido e um dia eu falei. Ela foi lá na escola e conversou bem duro com a dona Zélia, a diretora. Disse que exigia que ela me respeitasse e disse que o que ela havia feito comigo era uma expressão de racismo.

Se fosse nos dias de hoje, acho que a dona Zélia seria até presa, porque agora há leis que criminalizam o racismo. As pessoas vão presas porque têm

2 Ver: SILVA, Ana Célia da. "Ideologia do embranquecimento". In: As idéias racistas, os negros e a educação. Florianópolis: Núcleo de Estudos Negros - NEN, 1997. (Série O pensamento negro na educação, 1).

3 Sobre isso, pesquise sobre a melanina (substância que dá cor à pele) e leia GOMES, Nilma Lino: "Sem perder a raiz": corpo e cabelo como símbolos da identidade negra. Belo Horizonte: Autêntica, 2006.

4 Naquela época, havia reprovação na primeira série (ou primeiro ano). Ver estudos que relacionam rendimento escolar e racismo.

5 Idem sobre evasão escolar e racismo.

atitudes racistas, quando há denúncias. Naquele período, isso ainda não era comum. A dona Zélia ouviu a dona Adélia e nunca mais sofri preconceitos daquela diretora. Ela também aprendeu com a minha sábia mãe.

Mas...

Na minha escola, onde estudei até a oitava série[6], tive apenas uma professora, que era negra como eu e que me tratava bem. Se chama Conceição e dava aulas de educação física (agora ela está aposentada). Era carinhosa comigo, tocava nos meus cabelos e me convidava a fazer parte dos grupos de dança da escola. Ela tinha o cabelo "de pico", como o meu. Usava bem alto e era lindo de ver. Ela dizia que eu dançava muito bem e me levantava sempre o astral. Imagine só: passei oito anos da minha vida nesta escola e apenas a professora Conceição me tratou com carinho e igualdade como as outras meninas! Ainda bem que havia ela ali...

Nesta escola eu também passei a observar que os livros que estudávamos, os cartazes, os filmes que víamos, quase tudo trazia imagens muito negativas de pessoas negras. Nunca apareciam meninas negras bem vestidas e penteadas, nem meninos negros de forma positiva. As mulheres negras sempre estavam ilustradas fazendo serviços domésticos para famílias brancas e elas nunca apareciam com suas famílias. Os homens negros, quando apareciam, sempre estavam no lugar de escravizados ou como marginais. Assim, eu percebi que as coisas que a diretora parou de falar por intervenção da minha mãe, eram todo o tempo "faladas" de outra forma na escola.

A escola reproduzia o racismo pelos cartazes, livros, filmes, piadas de ofensa, silêncios.

No entanto, na minha casa o racismo era superado com as palavras e atitudes de minha mãe e meu pai, junto com minhas irmãs e irmãos, que diziam que eu era inteligente, estudiosa, bonita, forte, esperta e que sabia coisas que geralmente as meninas não sabiam, como as aprendizagens do feminismo nas idas à feira de São Torquato.

Mais tarde, já com meus quinze anos de idade, conheci o movimento negro da Cidade de Vitória. Conheci a Edileuza Souza, a Lígia Rosa, a Márcia, a Míriam Cardoso, a Leomar Vazzoler, o Cleber Maciel, o Luiz Carlos e muitas outras pessoas que me mostraram quem eu era, de onde vim e para onde poderia ir se quisesse. Me ensinaram com muito afeto que nós negras e negros temos uma linda história de ancestralidade, que somos fortes, inteligentes, sábias, que temos axé, que temos muitos motivos, inúmeros mesmo, para termos

6 Hoje em dia corresponde ao 9º ano.

orgulho de sermos quem somos. Me falaram de Zumbi dos Palmares, de Lélia Gonzales, de Angela Davis, de Malcom X, de Nelson Mandela, de Dandara e Carolina Maria de Jesus. Me falaram de muitas outras gentes pretas como eu, que fizeram de suas vidas nossa história.

Aprendi tudo.

Aprendi a dançar e escolhi a Dança Afro Brasileira. Conheci a professora Mercedes Baptista[7] e o professor Raymundo Netto[8], que ensinaram as artes da dança afro para mim e eu passei a ensinar para muitas pessoas. Conheci o Ilê Aiyê e aprendi muito com as danças e cantos da Bahia. Me tornei profissional nesta área e ajudei a construir muitos grupos na cidade de Vitória, além de viajar por alguns lugares do mundo mostrando o orgulho da nossa negritude brasileira. Aprendi também a respeitar e amar as religiões afro-brasileiras a partir da dança afro.

Escolhi ser professora. Adivinha de que? De educação física. Sabia que eu poderia fazer com muitas meninas e meninos negros o que a professora Conceição fez comigo: me ensinou a amar a escola e a fazer deste lugar um espaço para aprender e ensinar o respeito, a dignidade, o prazer de estudar. Passei a ser professora também de gente grande e dou aulas em faculdades, ensinando e aprendendo também com as pessoas adultas. Também estudei muito, e continuo estudando. Fiz mestrado em educação e um outro na área de política social.

Aprendi a olhar as rugas das mulheres mais velhas como expressão de sabedoria, autonomia e força; aprendi a perceber nas mulheres mais jovens a energia para mudar o mundo; aprendi com as meninas e meninos que cada sorriso vale a pena.

Aprendi a aprender com leituras, com desenhos, com sorrisos, com lágrimas (quase sempre de felicidade), com cheiros de moqueca, de coentro, de mexirica, de flores, de pimenta.

Aprendi a escrever e dou de presente tudo que aprendi nesta história, para que você construa a sua história.

---

7 Mercedes Babtista é a precursora da dança afro-brasileira no país, reconhecida em âmbito internacional. Criou metodologia do ensino da dança afro e se tornou a primeira bailarina negra a fazer parte do balé municipal do Rio de Janeiro. Em 2011 completou 90 anos e vive no Rio de Janeiro. Sobre sua vida, leia MELGAÇO, Paulo Jr. "Mercedes Batista, A criação da Identidade Negra na Dança". Rio de Janeiro, Fundação Cultural Palmares, 2007. Disponível no endereço http://afro-latinos.palmares.gov.br/sites/000/2/publicacoes/mercedesbaptista.pdf

8 Assistente de Mercedes Baptista que difundiu a dança afro-brasileira na cidade de Vitória, fundando o grupo Axé de Obá em 1983. Faleceu no início dos anos 1990 na cidade do Rio de Janeiro.

Do seu jeito.

Com sua vivência.

Com sua vontade de dar a volta por cima, enfrentar o racismo e contar para outras meninas e outros meninos a delícia de ter orgulho de ser negra e de ser negro.

Te convido!! Vamos lá!

ARIANE CELESTINO MEIRELES – Professora da rede municipal de ensino de Vitória (ES); professora universitária; mestre em educação e política social; escritora de literatura infantil; possui publicações nas áreas de educação etnicorracial e direitos humanos para LGBT; integra a Santa Sapataria – coletivo de Lésbicas e Bissexuais do Espírito Santo; palestrante e oficineira nas áreas mencionadas; professora de dança afro-brasileira; umbandista; uma mulher feliz.

RAINHA DO MILHO QUEIMADO

Lígia Margarida

SÃO TANTAS lembranças, tantas recordações; algumas boas outras ruins e aquelas que nos fazem lembrar o quanto é preciso resistir para poder contar situações requintadas de racismo, encaradas com naturalidade pela sociedade da época e que hoje colocaram nova maquiagem, mas continuam, quando privam crianças de serem crianças.

Subúrbio ferroviário, no ano de 1962, um lugar lindo de se morar. Chão sem asfalto, rua sem energia, rádio tocando e a novela acompanhada capítulo por capítulo na sala, fazendo de conta que não estava nem aí; criança não ouvia novela, olho no caminho esperando as torradas que vinham nas mãos de meu pai, um negro alto, sempre bem vestido, com uma grafia de fazer inveja, presidente da associação, onde jogava dominó todo fim de semana.

A noite era hora do "guerror", brincadeira composta de dois grupos: um precisava ir prendendo os componentes do outro. Era necessário correr até cansar o adversário, não podia ser pega, e assim embrenhávamos pela "malhada" local, cheia de bananeira e outras plantas. Eu ficava escondida, até o outro grupo ser vencido. Tarefa cumprida, hora do banho frio no quintal antes de ir dormir.

O colégio onde estudava era particular, um dos melhores do subúrbio. Uma sociedade beneficente mantinha as despesas; meu pai era um dos sócios. Prédio grande, corredor cumprido, salas com mesas duplas bem arrumadas. O professor usava a régua para impor disciplina, corrigia erros com cascudos; era uma autoridade incontestável. Este era o cenário onde ocorreram diversas cenas na minha vida de criança.

Recordo do meu jeito brincalhão, meio desengonçado para a minha idade; menina magra, alta, cabelo Joãozinho – "vara de tirar caju" era assim que me chamavam –, gostava de desafios; acho até que isto é uma marca minha: desafios constantes, renovação, inovação. No colégio, me lembro bem, estava sempre atenta e não muito concentrada na aula, mas viajando em sonhos e desejos de construir algo diferente.

Nos eventos extraclasses, sempre me apresentava para participar e ajudar na construção. Era um motivo para voltar à escola fora do horário de aula, único lugar em que podia ir sem muitas perguntas em casa. Assim, quermesse, vender rifa (tijolinhos) para ajudar na escola, ou bilhete para concurso eram atividades de que gostava muito. E sempre conseguia bons resultados.

Na época das festas de junho, havia sempre muita animação no colégio. Era tempo de rezar pra Santo Antônio e havia a festa linda de São João: pular fogueira, dançar quadrilha, pintar o rosto e coroar a "Rainha do Milho", resultado de um concurso. A ideia era a sala que vendesse mais cupons com os milhos era a vencedora. A professora distribuía vários cupons na sala, escolhíamos uma menina da turma e todos vendiam cupons, para que a sala ganhasse.

Durante alguns anos, vendia e sempre me empenhava muito, só que a menina escolhida pela turma era sempre aquela de capa de revista, branquinha, cabelo liso. Eu sempre reclamava com os colegas e ficava zangada com a situação, pois não aceitava de modo tranquilo e submisso. Mas não tinha jeito, a conversa era sempre a mesma, de que a sala tinha que apresentar uma menina bonita, para ganhar das outras salas. Como eu conseguia vender muitos cupons era sempre requisitada para participar e ajudar a turma. E "o bico" crescia. Lembro que iniciei um ano pensando no concurso e querendo garantir que naquele ano eu seria a "Rainha". Conquistei a simpatia de algumas colegas e fiquei confiante que ia convencer a turma a apostar em mim e trabalhei para mostrar serviço. Junho se aproximando e eu só pensava "este ano serei eu a Rainha do Milho".

Na hora da escolha, me apresentei junto com outras colegas, algumas com o meu perfil – negras, cabelo Joãozinho, olhos brilhantes e vontade de colocar o manto de rainha e segurar o bastão sempre muito bonito –, outras meninas brancas, "cabelo de milho", amarelinho liso e longo; mas eu estava decidida, ia concorrer e, na minha cabeça, vender um bocado de cupons, garantindo assim a indicação.

Vendo o clima e as concorrentes, a professora profetizou: *Este ano com tantas correntes vamos vender muitos cupons e nossa sala vai ganhar.* Distribuídos os blocos de cupons, com os milhos bonitinhos, juntinhos uns aos outros, começamos a vendagem e todos os dias era aquele entusiasmo. Eu vendendo que só uma desesperada, querendo garantir lugar. Meu pai, meu padrinho e primos todos compararam e eu feliz só entregando o resultado à professora, até que chegou o dia da apuração. Consegui vender o maior número de cupons e tinha certeza de que naquele ano a coisa ia ser diferente. Turma reunida, apuração, e a nossa sala foi a que mais vendeu cupons, portanto, podíamos escolher a "Rainha do Milho".

Fui logo me apresentando. Vendi mais e queria o lugar. Recebi uma sonora gargalhada da turma e eles diziam: *Lígia, Rainha do Milho? Só se for do* ***Milho Queimado,*** *com esse cabelo e pretinha. Com certeza se queimou na fogueira.*

Olhei para a turma, para a professora e vi que ela sorria. Fiquei indignada, reclamei – acredito que até xinguei –, mas nada adiantou. Não seria possível a turma apresentar uma **Rainha Negra**. Assim, chorei minhas mágoas, minha revolta. Em casa, falei com meus irmãos e minha mãe; eles também acharam graça e disseram que aquilo era besteira; não entendiam porque eu queria tanto ser a "Rainha do Milho". Uma bobagem, pois realmente não havia "Rainha do Milho" preta; aquilo era só para as meninas de cabelo louro.

Foi uma frustração tão grande, doeu muito. Fiquei alguns dias muito chateada, não queria ir à escola nem saber de festas juninas; afinal, eu me achava esperta, conversada e bonita, mas fiquei na saudade e tendo que ver outra menina usufruir do meu trabalho e colocar o manto de rainha e desfilar com o bastão.

Aquele momento passou, vieram outros, mas tenho certeza ficou a marca, que a todo tempo ganhava significados e contornos diferenciados, mexendo no equilíbrio da autoestima daquela menina de oito anos, definindo e dizendo silenciosamente até onde ela podia ir. Agora, tenho a certeza absoluta que a influência foi grande. Sei que no ano seguinte, na terceira série primária, não fui muito bem e perdi na Matemática. Repeti o ano e, durante muito tempo, fatos como aquele interferiram no modo como eu conduzi minha vida, buscando enfrentar desafios e querendo vencê-los. Aquele episódio não me ensinou a enfrentar frustrações nem a ser resiliente; ele me deixou um sentimento de injustiça, reafirmando que eu era inferior às meninas brancas. Elas podiam ser rainhas, eu não.

Acredito que a menina daquela época que sofreu com a situação relatada, sem dúvida alguma, carregou consigo a marca perversa do racismo e isto alterou seus planos de vida, matou um pouco a sua vivacidade e a sua leveza. Mas, com certeza, o dano ficou e se ramificou. Só depois de muito tempo compreendi e, aí sim, pude fazer novas leituras do processo e dar novos significados e hoje ter condições de contribuir para que muitas rainhas negras possam colocar o manto e desfilar com seu bastão, altivas e felizes.

LÍGIA MARGARIDA GOMES DE JESUS, graduada em Ciências Físicas e Biológicas pela UFBA, com formação e especialização em Psicanálise Clínica. Especialista em Psicopedagogia Clínica e Institucional. Estuda Psicologia Social e é mestranda em Gestão Social. Atualmente coordena a Rede de Mulheres pelo Fortalecimento do Controle Social das Políticas Públicas da Bahia. É diretora administrativa da Associação Renascer Mulher e do ODARA – Instituto da Mulher Negra. Discute e pesquisa os temas: biopsicologia, política de gênero; autonomia social, política e econômica das mulheres, além da garantia de direitos psicossociais.

A FILHA DE D. JACIRA

Amanaiara Conceição de Santana Miranda

EU SOU Amanaiara Conceição de Santana Miranda, 42 anos de idade, preta, filha de Xangô e Ekedi de Oxossi. Nasci no Alto da Santa Cruz, bairro de Salvador-BA, filha de Jacira de Santana Miranda (Mãe Jacira de Yansã) e de José das Neves Miranda (falecido). Tenho muitos irmãos e irmãs: Tamires, Jadson (que é também meu "pai de santo"), Paulo César, Carlos José, Maria de Fátima, Linda Alice, Rogério e José Carlos.

Sou casada com Adelino Idalêncio há catorze anos. Somos companheiros na superação das violências sociais que a contemporaneidade oferece para as pessoas que vivem fora das normas eurocêntricas, que nos são impostas cotidianamente. Quando criança, lembro-me que minha mãe fazia, no mês de outubro, um *caruru* para os *erês* (orixás crianças do candomblé Ketu).

Um dia, quando eu tinha dez anos de idade, convidei alguns colegas de escola para irem ao *caruru*. Muitos foram e gostaram. Outros foram e ficaram reservados. A festa sempre acontecia num sábado. Na segunda-feira, primeiro dia de aula depois de eles terem ido ao *caruru*, fui surpreendida no momento do recreio com uma brincadeira que era assim: muitos garotos e garotas me chamando de "filha de macumbeira" e cuspindo no chão por onde eu passava. Não suportei a situação e falei com uma professora que passava. A professora então disse: "Quem mandou você chamá-los, bem feito!"

Assim, decidi resolver o problema. Peguei um monte de pedras e comecei a direcionar para quem fazia a brincadeira/violência contra mim. A diretora, então, me pegou pela camisa e me colocou na diretoria, dizendo que ia chamar minha mãe. Ela não deixou eu me explicar e como eu era uma criança que nunca tinha levado queixas para casa, pedi pelo amor de Deus que não enviasse comunicado para a minha mãe e meu pai. Aí, a diretora fez uma proposta indecente: eu tinha de escrever cinco mil vezes *Não devo jogar pedra nos meus colegas*. Cumpri aquele castigo chorando muito, me sentindo injustiçada e com muita raiva.

Desde pequena sempre pensei em ter uma profissão que contribuísse para que as pessoas tivessem uma vida mais digna. Assim, fui fazer magistério.

Minha mãe era uma pessoa muito conhecida na região do nordeste de Amaralina, por isso ninguém me conhecia como Amanaiara e sim como "a filha de Jacira". Quando eu fui fazer o magistério, mesmo fora do meu bairro, no bairro vizinho, todos já sabiam de quem eu era filha. No primeiro dia de aula uma professora de Psicologia Educacional fez uma dinâmica para conhecer as alunas. Cada pessoa tinha que dizer nome, idade, nome de pai e mãe e mais o que desejasse. Na minha vez quando falei o nome da minha mãe, uma colega fez o sinal da cruz. A professora viu, sorriu e perguntou o que era aquilo. A aluna então disse: "É porque a mãe dela é mãe de chiqueiro". A professora então disse: "É melhor parar".

A aluna passou o ano todo fazendo piadinhas. A direção não tomava uma atitude e nem a supervisora educacional.

Sem querer dizer para a minha mãe o que sofria na escola, pois tinha medo de magoá-la, decidi chamar algumas colegas do meu bairro e fomos para a porta da escola. Quando a aluna que fazia as piadinhas saiu, minhas colegas lhe disseram que, "se ela continuasse com as piadas, levaria uma surra". Depois do episódio, a aluna não disse mais nada. Todas as minhas colegas de sala sabiam o que tinha acontecido, por isso ninguém falava nada, pois temiam as colegas que eu tinha convidado para fazer as ameaças.

Atuando em escolas particulares e públicas, sempre no nível do Ensino Fundamental I e Educação Infantil, permaneci atenta às questões ligadas ao racismo escolar que, infelizmente, perdura ainda nas escolas brasileiras.

Em 1992, dando aula numa escola particular confessional em Salvador, a coordenadora pedagógica solicitou que para a comemoração do dia 22 de Agosto – Dia do Folclore –, eu ensaiasse com meus alunos e minhas alunas, uma saída de Orixá. Na hora fiquei perplexa, sem resposta. Ela estabeleceu um tempo de duas semanas para eu organizar o trabalho e submetê-lo a ela. Fiquei pensativa sobre os argumentos que deveria usar para não fazer o que ela havia me solicitado, mas que também não provocasse a minha demissão.

No dia da reunião pedagógica para apresentar a proposta da apresentação, eu disse para ela que tinha feito um trabalho ótimo. Então, comecei a explicar que a apresentação seria com todas as versões religiosas aparentemente mais significativas na comunidade baiana. O formato seria a encenação de uma missa, de um culto evangélico e uma saída de Orixá.

A coordenadora, que sempre me achava questionadora, olhou-me e disse: "Você quer mesmo é confusão. Olhe, deixe isto pra lá e faça qualquer apresentação com os seus alunos".

Eu saí da reunião na maior felicidade e comentei com uma colega que tinha feito aquilo para realmente colocar em cheque o que a coordenadora havia me solicitado. Três dias depois a coordenadora me chamou para conversar. A conversa iniciou com ela me perguntando: "Você pensa que é mais esperta que eu, é? Ta enganada! Vou lhe dar o troco. No final do ano, você vai ver".

Chegou o final do ano e eu fui mandada embora sem justa causa.

Em 1995, dois dias antes da minha solenidade de colação de grau, uma colega de pele não negra apareceu com o cabelo escovado. Uma professora de Didática lhe disse: "Você ficou linda. Você poderia convencer a Amanaiara a cuidar do cabelo, pelo menos para a formatura".

Ao ouvir aquilo, no dia da solenidade, dei uma escova no cabelo. Já com o cabelo escovado e me olhando no espelho, não conseguia me enxergar, eu não era Amanaiara. Um momento de tanta felicidade como era aquele para mim, uma mulher preta, de uma família pobre, onde não tinha muitas pessoas com nível superior, e eu no espelho do banheiro fazendo uma reflexão sobre a minha real aparência.

Numa escola particular onde comecei a trabalhar no ano de 1996, na semana pedagógica, além dos temas de educação que é praxe serem discutidos com especialistas contratados para mediar a discussão, havia uma pessoa contratada para dar aula de etiqueta social. A pessoa falou sobre tons de roupas para se vestir: "Não pode se vestir como se fosse africano para dar aula. Ninguém aqui está pulando carnaval. Vocês estão aqui para dar aula, transmitir conhecimento".

Ao falar sobre como arrumar o cabelo, ele (consultor de etiqueta social) falava que os homens que tinham cabelos crespos deveriam cortar bem baixinho para ficar com o rosto mais apresentável. As mulheres com cabelos crespos deveriam sempre fazer "rabos de cavalo" ou alisar para que os alunos tivessem gosto pela professora. Enquanto falava, o consultor andava pela sala, olhando todos que estavam presentes. Naquele dia eu estava com o cabelo solto. Meu cabelo estava grande, passando do ombro e naturalmente crespo-encaracolado. Ao passar por mim, ele parou e disse: "Esse cabelo mesmo aqui tem que ser preso ou dar uma escova para amansar". A maioria das pessoas deu risada, mas outras reprovaram a fala do tal consultor.

Dei aula durante dois anos nessa escola, onde vivi momentos de tensão sobre minha estética. A tensão aumentava nos momentos em que tinha encontros com os responsáveis pelos alunos e alunas, pois a direção sempre me chamava para verificar se eu iria amansar o cabelo.

Em 1999, participando de uma festa num terreiro de Candomblé, aconteceu um incêndio, onde eu e alguns familiares nos queimamos. Passei um mês sem dar aulas numa escola municipal. Ao retornar às minhas atividades, fui surpreendida com a fala da supervisora: "Você tem agora é que ir para a igreja, pois lá só tem coisas boas. O diabo lá não faz a festa". No momento em que iria responder, a diretora da escola dirigiu-se a ela: "Você pare com isso, senão vou ter que tomar uma atitude". Não satisfeita apenas com a fala da diretora, perguntei à supervisora se sendo eu professora e ela uma profissional da educação, me tratando daquele jeito, o que ela seria capaz de fazer com um aluno ou aluna que não teriam o mesmo mecanismo de defesa que eu.

Só fui feliz naquela escola quando essa supervisora saiu para ser vice-diretora em outra escola.

Quando a Lei 10.639/03 foi implantada, eu e muita gente que era da militância comemoramos, pois dali em diante teríamos mais instrumentos para fazer valer as discussões necessárias para o enfrentamento ao racismo.

Em 2005, Salvador foi a segunda capital brasileira a implementar a Lei 10.639/03. Essa era mais uma vitória de todas as pessoas que desejavam por uma educação pautada nos direitos humanos.

As pessoas que discutiam sobre as temáticas *afrobrasileiras*[1] eram convidadas a fazer formações nas escolas, assim como eu também era convidada. E era incrível que ao chegar aos portões em muitas escolas, tanto públicas quanto particulares, era sempre desconfortante, pois os porteiros não acreditavam que eu fosse a pessoa que iria dar o curso ou fazer a palestra. Uma vez fiquei uns quarenta minutos aguardando em pé, do lado de fora, pois o porteiro não acreditava que eu fosse a mediadora do trabalho. Ele não comunicou a ninguém a minha presença. A diretora que havia me convidado para fazer tal trabalho me ligou perguntando o que havia acontecido. Eu disse que já estava no portão. Dois minutos depois ela apareceu e questionou o porteiro sobre não ter avisado. Ele imediatamente respondeu: "Eu sabia lá que uma pessoa com o cabelo assim era doutora!?"

Em 2006, assumi a coordenação pedagógica de uma escola municipal, em Salvador. A diretora da escola, às quartas e sextas-feiras, quando eu ia vestida de branco e com minhas contas no pescoço, dizia bem baixinho: "Tá repreendida em nome de Jesus!". Um dia quando eu passava pelo corredor, ela disse

---

1 A palavra "afrobrasileiras" está escrita, propositalmente, sem hífen, pois parto da concepção de que as duas descendências se unem e não estão à parte.

isto e um aluno de seis anos de idade falou: “Eta, a diretora não gosta dessa pró daí não, viu!” . Eu voltei e perguntei por que ele achava que a diretora não gostava de mim. E ele respondeu: “O olho dela olha para você com ódio”. Neste momento, tive certeza sobre o horror daquela mulher sobre minha pessoa, em virtude da minha pertença religiosa.

De quinze em quinze dias, fazia formação continuada sobre temáticas afrobrasileiras. Quando eu não tinha domínio da temática, convidava amigas e amigos para fazerem o trabalho. Houve um momento em que organizei um módulo sobre os valores civilizatórios *afrobrasileiros*: corporeidade, musicalidade, cooperatisvismo/comunitarismo, memória, ludicidade, energia vital (axé), oralidade, circularidade, ancestralidade e religiosidade. O trabalho de formação foi feito em cinco encontros, cada um trabalhando dois valores. No penúltimo encontro, avisei ao grupo (formado por professoras da escola onde eu era coordenadora e de outras escolas que tinham interesse em participar) que o encontro seguinte seria ancestralidade e religiosidade e que a condução seria feita por um mestre em educação que havia realizado uma pesquisa de mestrado dentro da temática. Ao acabar de informar, a diretora da escola em que eu atuava pediu a palavra e disse: “Aqui não é sua casa para você me desrespeitar, trazendo suas coisas do mal para essa escola onde eu sou diretora. Aqui tem hierarquia. Você tem que me comunicar sobre esses assuntos”. Eu expliquei a ela que seriam discutidos os valores civilizatórios *afrobrasileiros* por um mestre em Educação, a partir dos resultados de uma pesquisa de mestrado e que isto não era uma questão minha e sim fazia parte de uma proposta instituída nacionalmente pelo MEC. A diretora, então, disse: “Aqui trabalhamos o amor a Deus, não é o amor ao diabo, como você está querendo, não!” . Fui para casa naquele dia chorando sem compreender o que estava acontecendo.

No dia seguinte, fui à Coordenadoria Regional de Ensino – CRE e relatei o fato. Ao terminar, ouvi de uma pessoa responsável em acompanhar o trabalho pedagógico nas escolas da região: “Olha, você passou dos limites em querer discutir esse assunto na escola em que a diretora é crente. Você quer afrontar a quem?”. Fui embora, na certeza que iria processar a diretora, a instituição e quem mais fosse necessário. Não o fiz, pois iria terminar atingindo outras pessoas que faziam parte daquela instituição e que não eram cúmplices daquela atitude.

No final do ano, fui fazer o trabalho de coordenadora pedagógica em outra escola, onde atuo até o presente momento, que possui uma equipe (direção, vice-direção, corpo docente e funcionários) que se disponibiliza a dialogar sobre as questões *afrobrasileiras*. Para superar o processo de violência que a escola brasileira sujeita a todos os seres que ela considera abjetos é necessário ter ideal, para não perder as esperanças de dias melhores.

AMANAIARA CONCEIÇÃO DE SANTANA MIRANDA – Graduada em Pedagogia, especialista em Coordenação de Grupos Empresa/Escola. Mestranda pelo Programa de Estudos Interdisciplinares sobre Gênero, Mulheres e Feminismo da Universidade Federal da Bahia (PPGNEIM/UFBA). Professora e coordenadora pedagógica na rede pública municipal de ensino de Salvador. Pesquisadora do Grupo de Estudos Africanos e Afro-brasileiro em Línguas e Culturas – GEAALC/UNEB e do Núcleo de Estudos de Gênero e Sexualidades DIADORIM/UNEB

VIVÊNCIAS AFRICANO-BRASILEIRAS: DA MATA AO SOLO URBANO

Janice de Sena Nicolin

O GALO canta. São cinco horas da manhã, ouço passos do vaivém das cabuleiras e cabuleiros saindo para a lida cotidiana. Cabuleiro é como costumo chamar os moradores e moradoras do Cabula. Neste mesmo momento, sento-me em frente ao computador para fazer este texto com muito orgulho, por se tratar de uma expressão de afirmação da alteridade mulher negra. Agradeço as companheiras do Instituto Odara pelo convite e a oportunidade de rememorar minhas vivências da infância à adolescência em educação, no curso primário e ginasial, mesmo sabendo que tais lembranças tragam ao presente dores da negação de minha alteridade criança negra, moradora de comunidade sociabilizada por descendentes de africano.

Nasci de parto natural numa casa de sopapo com chão de barro batido, coberta por telhas miúdas. Dona Dadá foi a parteira que me aparou. Cresci brincando de picula, esconde-esconde, boca de forno, batalhas de mamona na comunidade Tanque do Meio, uma transversal que ligava a Avenida San Martin ao bairro Fazenda Grande do Retiro. E como toda criança, via outras crianças mais velhas indo à escola e acreditava que seria algo muito importante, que traria alegria para minha vida.

Aos três anos entrei na escola. Era muito cedo? Para minha mãe não, a escola era da comunidade e ela levava todos os dias minha irmã de seis anos, que estava aprendendo as primeiras letras e a contar com a professora Maria. Além disso, os códigos de valores sociais herdados de antigos africanos eram preservados e transmitidos no cotidiano dessa escola. Logo, minha mãe sabia que haveria expansão e nunca negação do que ela havia transmitido aos seus filhos e crianças da vizinhança. Antes de entrar na escola, todos os dias acompanhava minha irmã com minha mãe até a porta da escola. Esperava que um dia pudesse entrar, ficar e só retornar para casa junto com minha irmã. Todos os dias eram choros, esperneio e desilusão porque não entrava na escola, até que um dia pude entrar e participar.

A professora Maria, uma senhora negra que aparentava uns sessenta anos, tinha a voz branda e rouca, meiga nos gestos e motivava-me a pegar no lápis para desenhar, botava-me no colo e contava-me histórias que ouvira de antigas africanas de sua família. Aos quatro anos fui estudar com a professora Noélia. A professora Maria falecera. A nova professora aparentava uns trinta anos de idade e tal como professora Maria era negra, meiga e tinha muita paciência comigo e toda turma. A escola tinha uma mangueira cuja copa dava sombra e frutos, suas folhas ajudavam na produção do vento que tornava nossas manhãs agradáveis. Fiquei nessa escola até os sete anos, quando pela primeira vez fui à escola oficial cursar o primário.

E como todo início, há sempre um fim. Foi doloroso saber que não voltaria mais à escola da professora Noélia e pior: aceitar viver no "cinzento" prédio da escola pública, completamente diferente do aconchegante lugar de educação da comunidade. As professoras da comunidade nos acolhiam na porta da escola e nos guiavam até sala todos os dias. Na escola oficial era diferente, no primeiro dia uma fila se formava e cada aluna ou aluno recebia um papel que mostrava onde era sua sala. Nos outros dias só existia a fila de aguardo da hora de hastear as bandeiras da Bahia e do Brasil, cantar o Hino Nacional. Na sala de aula rezávamos o Pai Nosso e Ave Maria. Era tudo muito estranho! Lembro-me de que no outro dia não queria retornar e sempre havia outro dia para minha mãe motivar-me a ida à escola.

Ao lembrar-me daquelas carteiras grandes para duas crianças, situadas bem distantes do lugar demarcado para a professora, sentia um enorme vazio existencial. Não era a escola dos meus sonhos. A escola da comunidade tinha duas grandes mesas que davam para dez crianças de um lado e dez do outro; na cabeceira era o lugar da professora que, sorridente, nos acompanhava no processo de aquisição da leitura e escrita e do contar. Não cantávamos o hino e nem hasteávamos as bandeiras.

O tempo foi passando. Aos oito anos cheguei à conclusão de que teria que me acostumar à aparência do prédio, ao distanciamento da professora e à vigilância das diretoras, vice-diretoras e sensorista*. Estas últimas vigiavam cada passo que dávamos (meus colegas) fora da sala de aula, como, por exemplo, a ida ao sanitário. Mas não era só a infraestrutura do prédio que me desanimava, algumas situações sociais de negação da alteridade contribuíam para a "ideologia do recalque" (LUZ, 1994) da criança negra, tais como as premiações por êxito nos estudos (uma medalha), que não estavam relacionadas apenas aos resultados dos exames escritos e orais. O comportamento

* Em Salvador, na década de 1970/início da década de 1980, existia o cargo se sensorista: profisional que vigiava e aplicava sanções aos indisciplinados.

era um critério definidor para obtenção das notas máximas. A comportada era quem cumpria à risca todas as normas de funcionamento da escola: sentar com corpo reto, rezar o Pai Nosso e a Ave Maria, corpo reto ao cantar o Hino Nacional, não usar palavras do uso cotidiano de sua comunidade – estas eram consideradas palavras feias e vulgares, um falar errado. Só bastava usar a palavra "zuada" no lugar de "barulho" para ser considerado um ato de ofensa à língua nacional, o português.

Lembro-me de que nem sempre minha mãe podia ir às reuniões, que eram sempre diurnas e, no meio da semana, ela trabalhava e não podia comparecer. Neste caso, minha nota abaixava, *Item: falta de interesse da família.* O comportamento regulava tudo, até quando o calçado apertava (criança cresce) ou furava devido ao uso diário, não podia entrar com outro modelo ou mesmo de sandália, a entrada era negada, desde o portão da escola.

Não vaguei pela cidade afora, quando não permitiram minha entrada e de minha irmã por falta do calçado preto fechado, da marca Vulcabrás, porque, diante da decepção sobre o que esperava da escola, a comunidade era nosso lugar do acolhimento. As mães coletivas ou vizinhas, como dona Miúda, dona Ditinha e outras, se dedicavam a cuidar das crianças que não estavam na escola até a chegada das mães que saíam para trabalhar. Bons tempos!

Os festejos escolares foram situações de enfrentamento da negação da alteridade negra durante todo o curso fundamental. Lembro que no terceiro ano do curso primário fui estudar em outra escola. Pedi a minha mãe que me matriculasse numa escola no bairro da Liberdade, pois todos os adultos diziam que a escola era muito boa. Que nada, outro sonho abortado! A estrutura física era dantesca, a escola anterior era um grupo escolar com cinco salas, quatro para aulas e uma para direção e vice-direção. A escola que concluí o primário – terceiro ao quinto ano – tinha mais de dez salas de aula com capacidade para 40 alunos. Lembro-me que a professora esforçava-se muito para dar conta da realidade, alunos com conhecimentos diversificados em termos da escrita e leitura.

Contudo, foi nessa escola que encontrei uma professora muito parecida com as professoras da comunidade. Ao relatar-lhe que minha mãe não pôde comprar os livros, ela conseguiu alguns e deu-me de presente, sempre elogiava minha escrita, capacidade de argumentação oral e de fazer operações matemáticas. Foi minha primeira professora negra na rede pública: professora Hildete. Seus gestos de motivação para os estudos e o acolhimento da nossa pluralidade linguística deram-me a oportunidade de me sentir segura para realizar os exames de admissão ao ginásio. A professora Hildete foi muito importante na vida.

Mesmo assim, não foi fácil lidar com os apelidos na escola: "cabelo de bagaço de dendê" porque era crespo e com os fios naturalmente "alourados"; "nega do cabelo duro" por ser crespo; "vara de tirar caju" porque era magra e alta; "nega tibufu" relacionado à cor da pele preta; "beiço de mula" devido aos lábios grossos. Tudo isto acontecia cotidianamente, diante dos olhos de quem fazia a vigilância da "moral e bons costumes" da escola: professores, vice-diretores e sensoristas. Os apelidos racistas e de discriminação negativa pareciam algo da "normalidade" escolar.

Certa vez, ainda no curso primário, perguntei à professora por que não podia ser a Rainha do Milho. A professora disse-me que a Rainha do Milho tinha os fios do cabelo e a pele da cor do milho. Olhei para minhas colegas e vi que nenhuma tinha os cabelos e pele da cor do milho, inclusive quem foi escolhida para Rainha. Fiquei confusa, a colega de sala escolhida pela professora para Rainha do Milho tinha a pele clara e os cabelos alisados e não eram da cor do milho. Houve uma época em que a Rainha era a menina que vendesse mais cartela para a festa de São João. Consegui vender mais que todas as colegas da turma, mas não fui a Rainha do Milho. Penso que esta foi a pior situação que vivi de negação da alteridade negra. Na ocasião, não sabia como reivindicar, apenas disse que vendi mais que todas as colegas. Perderam minhas cartelas e silenciaram a situação. Isto foi como um soco na cara.

Foi no curso ginasial que ocorreram as mais fortes cenas de negação da presença negra nas decisões políticas da escola. Candidatei-me para ser liderança da sala. Embora tivesse uma votação expressiva diante dos apoios diretos recebidos pelos colegas, o resultado foi outro. O eleito foi um colega e não era negro. Todo ginásio foi assim, a liderança estava nas mãos dos colegas não negros, embora mais de 70% da turma fosse composta de pessoas negras, considerando que o indicador negro refere-se às pessoas pardas e pretas IBGE (2007). O mesmo acontecia no desfile das Olimpíadas da Primavera: a baliza era quem carregava o estandarte de cada ala do desfile, não era negra. Os pretos e pretas estavam sempre no final da ala.

Meu curso de ginásio foi em colégios públicos do centro de Salvador. Duas escolas, uma situada no Largo da Palma e a outra na Avenida Joana Angélica, ambas no bairro Nazaré. Este foi um momento de muito sacrifício para minha família e para mim. Para fazer esse curso tinha que ficar afastada da minha família durante a semana. Quando chegava o domingo à tarde era o momento de muita dor, pois tinha que voltar para a casa da senhora que propôs à minha mãe que eu estudasse num colégio do centro por ter uma qualidade de ensino superior aos colégios dos lugares distantes.

Minha mãe acreditou que seria uma ajuda, que ela quisesse ver sua filha formada. Não sabia minha mãe que eu pagava a estadia com trabalhos domésticos. Não disse para ela sobre a exploração do meu trabalho infantil.

Aos doze anos estava no terceiro ano de ginásio e passava as férias com minha família na comunidade. Neste período, comecei a alfabetizar alguns adultos em minha casa, a pedido deles próprios. Foi quando resolvi não retornar mais à casa da senhora, aonde sofri a tentativa do embranquecimento, desde a imposição da participação nas missas dominicais, a valorização dos gostos pelas culinárias de culturas europeias e a depreciação da culinária afro-brasileira, preservada e usada por minha família, sem contar com o alisamento do cabelo por ser "mais bonito" – assim dizia a senhora –, além do uso de roupas em tom pastel no lugar das estampas coloridas, muito usadas atualmente por negros e brancos. A decisão de ficar na comunidade acarretou grandes desafios, custo de transporte, estratégias para chegar ao colégio com pés limpos e farda cheirosa. Neste período, já morava no Cabula, tinha o colégio estadual Polivalente, mas preferi continuar onde estudava, devido aos vínculos.

Já se passaram décadas das minhas vivências na escola, mas me lembro como se fosse hoje. Na aula de inglês, por exemplo, a professora motivava quem fazia cursos de inglês no ACBEU ou IBEC e quem fazia esses cursos eram pessoas da elite burguesa da Bahia, jamais um morador da periferia. Era muito caro e até hoje ainda é caro. Quando se fala em oportunidades na escola não se pode esquecer que, na década de 70, poucos negros moradores de periferia chegavam a cursar o ginásio e o científico. E os poucos negros e negras que frequentavam a escola tinham estratégias para lidar "Da porteira pra dentro e da porteira pra fora" (LUZ, 2013, p 27), como nos legou Mãe Senhora do Ilê Axé Opô Afonjá. Era depois de uma longa caminhada até a "porteira" que os pés estavam cheios de pó do barro e terra, secos, ou de lama nos dias de chuva. Sempre levava uma garrafa de água para lavar os pés antes de pegar o ônibus, para lidar com a vida urbana no lugar demarcado pelo asfalto e entrada da industrialização no Cabula. Era um sacrifício ir à escola; precisava criar um significado intrínseco que pudesse justificar a necessidade de sair da "mata africano-brasileira do Cabula" (NICOLIN, 2007) e ir ao solo urbano conhecer os valores da modernidade e, com muito cuidado, não apagar o aprendizado da "porteira para dentro" da mata cabuleira.

A mata é a metáfora que uso para representar o lugar de pertencimento do descendente de africano. De uma coisa sei: sem o acesso ao conhecimento e linguagens (sobretudo a língua portuguesa), impostos pela escola, jamais conseguiria movimentar-me nos territórios da modernidade. Atualmente sou educadora. Com o que aprendi, dentro e fora da "mata", tenho educado gerações de negros e não negros a respeitarem a alteridade pessoal e cultural dentro e fora dos lugares de educação e com a 10.639/2003 essas ações têm se fortalecido na escola.

Referências

LUZ, Marco Aurélio. **Cultura Negra em tempos pós-modernos**. Salvador: Edufba, 2008.

LUZ, Narcimária C. do P. **Itapuã da ancestralidade africano-brasileira**. Salvador: Edufba, 2012.

NICOLIN, Janice de Sena. Odeart: ecos que entoam uma mata africano-brasileira no Cabula. In: LUZ, Narcimária Correia do P. (org.) **Descolonização e Educação:** diálogos e proposições metodológicas. Curitiba: CRV, 2013.

NICOLIN, Janice de Sena. **Artebagaço Odeart:** ecos que entoam a mata africano-brasileira do Cabula. 2007, p. 403f. Dissertação (Mestrado em Educação e Contemporaneidade) Departamento de Educação e Contemporaneidade, Programa de Pós-Graduação em Educação e Contemporaneidade, Universidade do Estado da Bahia, Salvador, 2007.

JANICE DE SENA NICOLIN – É doutoranda e mestra em Educação e Contemporaneidade; licenciada em Letras Vernáculas com Francês; licenciada em Pedagogia; tem especialização em Educação Infantil; pesquisadora colaboradora do Programa Descolonização e Educação UNEB/CNPQ; professora de Língua Portuguesa na Educação Básica do Estado da Bahia; escritora de contos com temática afro-brasileira; coautora da obra *Descolonização e Educação:* Diálogos e Proposições Metodológicas; teatróloga e fundadora do Grupo Teatral Artebagaço e da Associação Artístico-Cultural Odeart; coordenadora geral dos Projetos Artístico-culturais e de Educação Pluricultural da Odeart; professora de Educação Superior na Rede Particular, atuando nas disciplinas Diversidade e Pluralidade Cultural, Educação de Jovens e Adultos, Currículo e Programa, Fundamentos e Metodologias dos anos iniciais em Língua Portuguesa.

COR DE OURO RELUZENTE

Luísa Passos

TUDO aconteceu há mais ou menos quatro décadas, mas parece que foi hoje. Luísa era uma menina sonhadora além de ter uma imaginação extremamente em trânsito. A todo instante, ela imaginava uma coisa. Um dia, durante o café da manhã, ela imaginou que era uma borboleta e por pouco não saiu voando. Imagina só! Tinha também uma peculiaridade que a destacava no seu grupo de amigas: sempre sonhava com as luzes cor de ouro reluzente, por isso, muitas vezes, passava por situações delicadas, a ponto de ser chamada de biruta e virar motivo de chacota. Quando se reunia com as amigas para a brincadeira da roda dos sonhos, quase sempre relatava o seu sonho favorito e explicava para as colegas que sempre falava dele não apenas porque gostava, mas também porque, de fato, o mesmo sonho rondava o seu sono quase todas as noites. Mesmo assim, as explicações eram inúteis e as zombarias eram frequentes. Mas, Luísa nunca deixou de falar dos sonhos nas brincadeiras da roda dos sonhos.

Ela adorava repetir que as luzes eram tão brilhantes, tão reluzentes, que por muitas noites acordava assustada, mas, ao mesmo tempo, adorava quando tinha esse tipo de sonho. Era como se o brilho das luzes fizesse com que os batimentos do seu coração ecoassem em ritmo de alegria.

O tempo passava e o sonho preferido da menina acompanhava os seus sonos, porém já não existia mais a brincadeira da roda dos sonhos. Com isso, a menina começou a contar os seus sonhos para a vovó Lourdes e a vovó, por sua vez, além de adorar ouvir os sonhos da neta, aproveitava esse momento para fazer nela penteados elaborados que precisavam de muitas tranças. A avó, que sabia de muitas histórias, contava à menina sobre os ancestrais africanos, seus reinados, suas tecnologias, suas músicas, suas danças e muitas outras coisas.

Num belo final de tarde, após a conversa com a vovó, a menina foi para o seu recanto preferido, a gangorra, que ficava na goiabeira em frente ao rio que passava pelo quintal da casa. Este era o seu local preferido de final de tarde, principalmente no verão, porque os raios do sol reluziam nas águas do rio e a menina ficava feliz porque se lembrava do sonho das luzes cor de ouro reluzente.

Certa vez, num dos belos final de tarde, a menina estava a postos em sua gangorra, aguardando os efeitos do sol sobre as águas quando, de forma inesperada, surgiu das águas uma mulher lindíssima, parecendo uma rainha dos reinados das histórias da vovó Lourdes. As luzes cor de ouro reluzente dos seus sonhos acompanhavam a moça, que se sentou à beira do rio para banhar-se ao mesmo tempo em que cantava uma canção leve e envolvente, de tal modo que Luísa já estava se sentindo ninada, a ponto de quase dormir e sonhar com as luzes do seu sonho. Mas isso não foi possível, porque a sua avó estava chamando por ela, pois era hora de fazer as tarefas de casa para apresentar à professora no dia seguinte. Enquanto fazia as atividades, a menina não parava de pensar no que havia visto no rio, mas não teve coragem de contar à vovó e guardou as imagens para si.

A noite chegou e, além das luzes reluzentes, ela sonhou com a moça, cantando e dançando nas margens do rio.

"Luísa, moça bela,
Luísa é uma rainha
Reinará com a deusa
Das águas doces
Reluzindo brilhos junto com ela."

Na manhã seguinte, Luísa estava mais impressionada ainda. No entanto, continuou em silêncio, não contou nada para avó, pois estava tão surpresa que chegou a pensar nas dúvidas e zombarias das amigas durante as brincadeiras na infância. Como de costume, deu seguimento a sua rotina, arrumando-se para a aula e seguindo para a escola junto com "vó" Lourdes. Ao chegar à escola, outra situação chamou a sua atenção: continuava a ver as luzes reluzentes, a ponto de distrair-se e ser convidada pela professora a voltar sua atenção para as atividades de organização dos festejos juninos. Justamente nessa hora, estavam definindo quem iria se candidatar à "Rainha do Milho". Tomada pelas lembranças da moça do rio e das luzes reluzentes, Luísa levantou a mão, manifestando o interesse em ser candidata à rainha. De início, houve alguns espantos, mas a menina era bastante comunicativa e amiga de todos da turma e, surpreendentemente, foi eleita.

Após as comemorações da eleição, Luísa levou um susto quando descobriu que, para continuar concorrendo à "Rainha do Milho" da escola, precisava ter um vestido de rainha e ela nem havia consultado a avó para saber se teriam condições de adquirir um vestido em menos de duas semanas. Foi quando as lágrimas vieram aos olhos e, acompanhadas delas, vieram também as luzes douradas reluzentes. Lu sentiu, logo, as batidas do coração e seguiu para casa feliz e saltitante, com a ideia de ser rainha, como as histórias da vovó e a canção da moça do rio.

Chegando a casa, tratou logo de dar a notícia à avó e, por fim, falou sobre o vestido. Vovó recebeu a notícia com muita alegria e retirou do seu baú a máquina de costura e um tecido tão lindo, mas tão lindo, que lembrava as luzes reluzentes cor de ouro dos sonhos. Luísa só faltou voar de tanta alegria e a vovó, em menos de uma semana, aprontou o vestido da sua rainha, que contava os minutos para chegada do grande dia.

Finalmente, chegou o dia da festa e a avó arrumou a menina como uma rainha. A rainha cor de ouro reluzente. No cabelo, ela fez uma bela coroa de tranças nagôs e o vestido tinha pedrinhas douradas iguais às que a moça do rio usava. Luísa saiu de casa sentindo-se uma verdadeira rainha.

Quando entrou na escola, achou estranha a forma com a qual todos olhavam para ela, mas fez de conta que não estava vendo nada e seguiu para a sala de aula, sendo recebida com muito espanto por todos, inclusive pela professora que disse: "Até que ficou bonitinha!" Ao ouvir a frase, Luísa pensou: Ah! Se ela visse a moça do rio é que ia saber o que é boniteza!

A hora tão esperada chegou e a menina dos sonhos cor de ouro reluzente ganhou em quase todos os quesitos julgados, perdendo apenas por causa do penteado. A comissão julgadora considerou que penteado de tranças de nagô não poderia ser usado por rainhas. Mas, o mais surpreendente foi a reação de Luísa, que se manteve firme com seu semblante de alegria.

Retornando a casa, Luísa caiu em prantos, correndo para o colo da avó. Chorou bastante e quando se acalmou vovó Lourdes explicou à neta que o preconceito racial sobre os descendentes de africanos era o mal da humanidade, mas era preciso chorar e ao mesmo tempo renovar as energias para enfrentar as novas situações. Após ouvir a avó, Luísa foi para a beira do rio e lá viu sua coroa de tranças nagôs refletida na água como o sonho das luzes cor de ouro reluzente, só que a menina queria mesmo era que a moça do rio visse como ela estava vestida de rainha. Mas a moça não apareceu.

A tarde caiu, a noite chegou e, junto com as luzes cor de ouro reluzente, a moça do rio apareceu e disse a Luísa: "Minha filha, sou sua mãe, reinarei na sua cabeça e você continuará sendo uma guerreira vencedora das batalhas de combate aos preconceitos e à discriminação racial. Quando sentir dificuldades, chegue à beira do rio e me chame: *Ora Iê, Iê, Oxum*".

Referências

SANTOS, Maria Luísa P. **O Dia em que o Berimbau Surgiu na África.**In:Revista EPARREI.Casa de Cultura da Mulher Negra.Ano VI-Nº12.SANTOS/SP, 2007.

SANTOS, Maria Luísa P. **Construção da Identidade Etnica Atraves de Contos e Mitos de Matriz Africana.** (Disponível em:< http://www.irohin.org.br/onl/new.php?sec=news&id=3715>).

MARIA LUÍSA PASSOS é professora e pedagoga. Coordenou as atividades que os alunos cotistas desenvolviam nas comunidades populares através do Programa Conexões de Saberes/UFBA, no período de 2006 a 2008. Desenvolveu, pelo CEAFRO/UFBA – Educação e Profissionalização para a Igualdade Racial e de Gênero, ações de formação pelo projeto Escola Plural – A diversidade está na sala. Atuou na formação de educadores e educadoras da rede municipal de Salvador e Maragojipe para a implementação da lei 10.639/03, que institui os estudos afro-brasileiros e africanos nos currículos. Atuou, como técnica, da pesquisa daConsulta Nacional sobre a Lei 10.639, parceria da Ação Educativa, CEERT e MIEIB, que ressultou na publicação "Desafios e possibilidades para a implementação da Lei 10.639/03". É escritora de contos, poesias e educadora do Núcleo Permanente de Educação do CEAFRO/UFBA e do Odara – Instituto da Mulher Negra; dos cursos profissionalizantes da Associação Cultural Bloco Carnavalesco Ilê Aiyê, desenvolvendo oficinas de relações interpessoais e sexualidade. Coordenou o Instituto Nextel Salvador, de fevereiro de 2009 a março de 2013.

NO *MALBRIGO* DOS SILÊNCIOS

Keu Apoema

SOU de família sertaneja, uma rama enraizada no interior do Piauí e outra nas beiradas do Rio São Francisco, em Pernambuco. Dessas que se creditam a bênção de ser multirracial, ainda que os narizes afilados e os chamados cabelos "bons" de alguns novos que chegam sejam celebrados com alívio. Meus avós paternos e maternos eram camponeses, cujos filhos se remediaram pelo mundo, entre eles, meus pais, funcionários de bancos públicos o que, ao menos na década de 80, significava alguma ascensão.

Como, talvez, seja próprio do Sertão, se nos esgarça a aridez dos solos e do clima, ata-nos um sentimento profundo de pertencimento, não sem contradições, ao lugar e aos laços de parentesco, como as raízes dos umbuzeiros que se enfiam persistentes terra adentro em busca de água e garantia d'alguma existência. É numerosa minha família, tanto por parte de pai como por parte de mãe. São muitos os tios que ainda pedem a bênção às minhas avós, e primos que, nos dias de festa, renovam essa amálgama que somos – nada homogênea -, barulhenta e costumeiramente emotiva ademais.

Muitas são as histórias que se contam nas conversas regadas a café ou a cerveja, no quintal da casa de minha avó Marcelina ou na calçada da avó Ana, em Belém de São Francisco, sentados em cadeiras de balanço, especialmente nas noites calorentas, que são muitas. Os avôs já partiram. Falam elas da seca de 30, dos filhos que tentaram a sorte em São Paulo – acabaram voltando todos, cedo ou tarde –, do caminhão e da pequena venda do avô Plínio, indício de alguma prosperidade; da devoção quase santa da avó Ana que, segundo as lendas familiares, salvava os seus apenas com orações; da banca de jogo do bicho do avô Raimundo e de como quase todos os filhos – cada qual a seu turno e em seu próprio percurso – tiraram os pés da roça e seguiram outros rumos. No entremeio, uma crença quase mítica na educação como a única capaz de elevar o sujeito a outra condição de existência.

Sobre sermos também negros – que não se negue aos brancos da família tal assunção – sobre isso, no entanto, não se falava; ainda hoje raro se fala. Há algumas narrativas esparsas: minha bisavó índia, de meu avô negro que se casara com uma mulher branca, Ana, que o esperara por três anos, tendo em mãos apenas uma parca jura de que ele voltaria de São Paulo para ficar com ela. Contava-se também de uma promessa feita pelo avô Plínio – um homem caboclo em cujos traços se reconhecia nítida sua ascendência indígena –, diante de uma seca sem fim, que se alguma chuva viesse para salvar a colheita, faria uma festa para os mais pobres da região. Eram estes o povo da Minelvina, os pretos, os mais pobres de uma região de muitos pobres, inclusive minha família. Não era, no entanto, nunca algo que parecesse afetar verdadeiramente nossos corpos. Ou era apenas fato constatável, a pele negra de meu avô, de alguns tios, a minha pele negra cuja tonalidade algo mais clara suscitava a "boa dúvida" da mestiçagem; meu nariz algo afilado, meu cabelo, porém crespo; ambos alvos dos comentários comuns nas famílias que escrutinam os corpos dos seus. Ou era algo externo, o outro o mais pobre entre os mais pobres. Assim cresci, entre ditos e silêncios; abrigada, no entanto, numa extensa rede de afetos.

Entre os anos de 1982 e 1983, meus pais foram transferidos para Ipupiara, interior da Bahia, e, por dois anos, estudei em uma escola pública que ficava atrás de nossa casa. Na segunda série, ao final do ano, recebi o prêmio de segunda maior nota global da sala, por isso, decidiram me enviar para Petrolina, morar com minha avó e estudar numa escola particular, "uma escola melhor". Escolheram um colégio fundado há pouco tempo para o qual eu poderia ir andando, considerado modelo. Todas as salas tinham jardins, havia uma piscina e um jardim zoológico com macacos, pássaros e jacarés, e o parquinho infantil era montado em grande parte com pneus coloridos reciclados.

E ali vivi uma história que se divide em duas partes: a primeira durou dez meses e nela os adultos não aparecem; a segunda, talvez, tenha se dado em uma ou duas semanas, em cuja cena-marco estou em pé de frente para uma fileira de uns dez meninos brancos, para os quais eu olho entre assustada e enraivecida.

Logo na primeira semana de aula ficou posto que eu era estrangeira, era um rosto desconhecido. Mais do que tudo, porém, eu era uma criança negra rodeada de crianças brancas. Além de mim, havia apenas outra menina negra, de nome Poliana, que estudava ali desde o maternalzinho, sentava-se sempre no fundo da sala e com quem ninguém mexia – seis anos depois eu voltaria a estudar naquela mesma escola (outra história) e voltaria a encontrá-la, sentada no mesmo lugar, ela que não era exatamente o típico aluno de fundão, tímida, sempre muito gentil e elegante.

Aos oito anos, vivi pela primeira vez um cenário que se tornaria comum ao longo de toda a minha vida, na medida em que avançasse para a universidade e depois cruzasse os mais diversos tipos de ambientes profissionais: eu única ou rara negra em ambientes notadamente brancos. Rapidamente me apelidaram de "urubu". Não uma ou duas crianças, para mim era um coro inteiro, pois quem não pronunciava, calava-se. Não balbuciei defesa. Era uma criança silenciosa e quieta, também rapidamente me acostumei com o fato de que ali era apenas eu. Lembro-me de permanecer de algum modo firme, sabia em mim que aquilo não poderia estar certo e jamais tive dúvidas de que a cor de minha pele e meus cabelos crespos eram, para aqueles meninos e meninas, a grande arma empunhada contra mim.

Algumas semanas depois do início das aulas, uma outra menina negra chegou. Em certa crueza, porém, seus cabelos mais crespos que os meus fizeram com que passasse a ser chamada de "urubu velho" e eu de "urubu novo" – na época, o meu pentear era uma verdadeira operação familiar. Nos dias de festa, usava cachos, nos outros dias, os comuns, eram sempre amarrados em uma trança rabo de cavalo. Soltos, jamais.

Numa estranha jogada, como em uma partida de xadrez na qual se tenta desesperadamente sobreviver mais um pouco, aquela menina juntou-se aos demais em agressões a mim cada vez mais constantes. Lembro-me da primeira vez. Estávamos nos corredores e ela me gritou, chamando-me de "urubu". Não me recordo se havia mais alguém, só via nós duas. Virei para ela com as mãos espalmadas e os ombros encolhidos, querendo dizer, sem conseguir articular, que não era de mim que ela falava, não era a mim que ela agredia, mas a si própria e à sua pele, que era nossa. Ainda hoje penso nela sempre que ouço alguém dizer que o negro é aquele que mais discrimina a si próprio, afirmação perversa de um sistema para o qual convém à vítima tornar-se algoz.

Os meses seguintes foram salpicados de outras histórias, como ser derrubada na fila antes de entrar na sala e ficar sem par na festa de São João da escola – questão resolvida porque algum menino loiro e de cara emburrada teria sido forçado a dançar comigo. Houve também os períodos que eu poderia chamar de "quemsabenadaestáacontecendo": o arrumar coletivo do jardim – a minha turma foi premiada –, dançar o Cravo e a Rosa, as aulas de português das quais gostava. Além do mais, meu mundo era povoado de países imaginários e, cruzados os muros da escola, eu era de minha família, entre perfeições e imperfeições, crescia em meio a meus primos e sonhava em ganhar uma bicicleta no Natal daquele ano. Eram dois universos, não deixava que se cruzassem – ou simplesmente não conseguia – e o ser silenciosa escondia-me inteira, de modo que, lá, na escola, ninguém falava, ninguém enxergava, aparentemente ninguém notava. E cá, em casa, ninguém sabia. Confesso:

custei mesmo muito tempo para descobrir que havia um nome para aquilo que vivia e, sobretudo, para pronunciá-lo.

Mas o final de ano chegou. Fizeram o amigo secreto da turma e, por um desses acasos do universo, a outra menina negra me tirou. Na hora do descobrir dos "amigos", ela me deu um embrulho no qual desvelei uma agenda cor de rosa. Porém, não ficou feliz, tanto que na hora do recreio, depois de algum embate, ela me arrancou o presente. Tempos depois, acabei recebendo de volta a agenda com as páginas iniciais cuidadosamente cortadas, como se tivessem sido antes já marcadas com outra escrita.

Vieram as últimas provas do ano. Se acabávamos mais cedo, tínhamos tempo livre para brincar ou fazer o que quiséssemos, enquanto esperávamos o tocar do sino autorizando o retorno para casa. Aquele era um desses dias. Já havia dado voltas no zoológico e agora brincava, sempre sozinha, no parquinho. Entrei em um dos túneis de pneus, desses que se assemelham a longas centopeias, com frestas entre um anel e outro. Antes que pudesse sair, no entanto, meninos fecharam ambas as entradas e enquanto eu zanzava de um lado a outro, andando de quatro, apavorada, eles jogavam areia do alto, zombando e rindo, até que eu comecei a chorar e eles se debandaram.

Cheguei em casa e precisei explicar porque tinha areia nos cabelos. É aqui que os adultos entram. Foi assim que minha família ficou sabendo, pelo menos a parte da história que consegui contar. Duas tias foram à escola conversar com a coordenadora pedagógica – uma senhora de nome Ieda –, que tentou dizer que elas estariam exagerando, pois não ocorrera nada demais, apenas arteirice de meninos. Bufaram e choraram, mas voltaram para casa impotentes e algo derrotadas.

Dia desses, por que perguntei, uma delas desabafou: "De vez em quando vejo essa mulher em algum lugar, ainda tenho uma mágoa. Não sabíamos naquela época o que sabemos hoje. Ah, se fosse hoje!..."

Em outro momento, no horário escolar, sem a presença de minha família, fui colocada diante de uma fileira de meninos para que eu identificasse os culpados. A verdade é que eu não conseguiria reconhecer bem seus rostos, estava presa no túnel, assustada, ainda assim apontei quatro ou cinco deles. Não me lembro de terem me pedido desculpas, só fiquei com uma parca impressão de que talvez fossem punidos, mas também nunca tive dúvidas do "talvez". Hoje, sinto por mim e por eles, éramos as vozes e os silêncios dos nossos. Minha avó costuma dizer que castigo bem dado é aquele explicado. Guardo em mim uma pontada feroz de curiosidade para saber o que conversaram com eles, o que lhes explicaram.

Já adulta, rememorando a experiência, sempre rumino o quanto a palavra "racismo" me fez falta. Não fui eu uma escolha aleatória para uma brincadeira de mau gosto e pontual de um ou outro menino. Também não escolheram meus pés ou meus olhos grandes para gozações e perversidades, mas a cor de minha pele e meus cabelos, que não eram só meus, mas de meu avô, tios e primos. Cotidianamente tive que resistir não a qualquer carapuça, mas a de um animal cuja destinação é o resto. Não eram apenas meninos maldosos, mas também adultos silenciosos, por omissão ou impotência. Muito do que eu precisava era alguma nomeação: "Isso que você está vivendo é racismo". E, mais importante, alguém que me confirmasse: "Não está certo".

Aos catorze anos, depois de alguma tabulação familiar, voltei a estudar naquela mesma escola. Era um momento diferente. Tive professores negros e militantes de esquerda; reencontrei Poliana, que nessa época tornou-se um pouco mais próxima – mas sempre no fundo da sala –, e Adriana, uma das meninas que me empurrara na entrada da aula, com quem mantive alguma cordialidade. Nunca soube se ela se lembrava de mim. A memória ainda estava marcada em meu corpo, mas jamais conversamos a respeito; raramente converso a respeito. Havia me espevitado, encorpado minha voz, entrei para o movimento estudantil e, de modo geral, apareci.

Por algum tempo acreditei ser aquela uma experiência superada e já posta no passado. Jamais voltara a enfrentar a crueza de um processo de discriminação assim tão violento, ainda que muitas vezes minha pele me reservasse comentários do tipo "mas você não precisa se preocupar com isso, afinal não é tão negra assim", ou olhos fixos me acompanhando pelos corredores de alguma loja, ou ao entrar nos chamados bons restaurantes.

Em 2006, porém, participei de uma oficina sobre racismo, em Nova York, onde passava uma temporada, e em meio a muitas partilhas, decidi contar a minha própria história. Enquanto narrava, vi meu corpo tremer e meu peito soluçar, reencontrada a emoção por tanto tempo represada. Minha tia me diz: "Você foi brava". Eu penso: "Apenas sobrevivente".

Naquela mesma época, para minha surpresa, o antigo diretor daquela escola me localizou via redes sociais e começou a tabular comigo uma conversa interessante. Chegou sem reconhecer bem meu nome, mas relembrou em mim uma antiga aluna sempre envolvida em muitas atividades. A certa altura, porém, quis fazê-lo se lembrar de que eu não era apenas a aluna ativista do primeiro ano, mas também a menina da terceira série. Não era só mágoa, era vontade também de falar de extravasar, de desencobrir, de tirar a história de tantos silêncios. Ele, no entanto, calou-se, jamais voltou a render conversa comigo.

Quase trinta anos se passaram. Muita coisa mudou. Muita coisa não. O tema ainda é difícil. Tornei-me a chata da família que, entre cafés e cervejas, lembra que cabelos são apenas crespos; que volta e meia suscita alguma discussão sobre racismo e sempre relembra um fato simples, em meio a dúvidas alimentadas por ideais de mestiçagem e a presença de brancos na família: somos negros e se, por acaso, nós temos dúvidas sobre isso, os outros, não.

KEU APOEMA é educadora e contadora de histórias. Especialista em Arte e Educação pela PUC/MG e mestranda em Educação pela UFBA. Há mais de dez anos atuo com metodologias lúdicas e participativas, pesquisa e formação na área de narrativas orais. Atualmente, trabalho como consultora em processos de formação diversos e desenvolvo dois diferentes projetos: Ziri-Ziri: Contos Daqui e Dacolá (http://ziriziri.apoema.art.br) e Cheganças (http://chegancas.apoema.art.br). Pelo primeiro, circulo com espetáculos de contos africanos e uma exposição fotográfica com imagens feitas em Burkina Faso. No segundo, coordenou uma proposta de intercâmbio entre contadores de histórias tradicionais e contemporâneos e circulação de rodas de histórias. Para mais informações visite o site: http://www.apoema.art.br.

DA COR DA NOITE

Eva Bahia

Contrariei os médicos: nasci.

A MULHER negra e guerreira que me gerou, não esperava por mim. Já tinha passado por dois casamentos que não deram certo. No último, flagrou a menina que criava com o seu marido. Foi embora de casa e da cidade do Recôncavo Baiano, onde morou, para tentar uma vida nova em Salvador, com os seis filhos. Nesta ocasião, reencontrou um conterrâneo que tinha muito amor pra dar. Ela começou, então, uma nova tentativa de ser feliz com esse namoro.

Por que minha mãe não me esperava? Eu era um mioma. Isso mesmo leitor, você não está equivocado, assim como minha mãe também não estava, quando disse ao médico de certo hospital público de Salvador que estava grávida. Esse doutor convenceu – isso mesmo! – convenceu a minha mãe, que já tinha seis filhos, de que eu era um mioma; e só não deu cabo do corpo estranho que dizia estar no seu útero porque ela tinha comprometimentos cardíacos e problemas sérios de alteração de pressão arterial. Ufa, ainda bem! Porque este mioma (*rsrsrs*) que vos escreve sobreviveu nove meses a essas complicações de saúde e conseguiu romper a bolsa, dando um tremendo susto na minha mãezinha querida. Assim, no dia 23 de janeiro de 1974, no Hospital Ana Nery, Salvador, Bahia ela deu a luz a um mioma – desculpe-me (*rsrsrs*) –, a uma menina saudável e muito cabeluda, que foi levada para casa com a roupa do hospital. Eu ficava em uma caixa bem decoradinha e era tratada com muito carinho pelas cinco irmãs, que me elegeram como a boneca delas, e pelos meus dois irmãos.

Nome? Isso foi muito mais difícil! Muita gente para dar opinião. Ficou decidido que o melhor nome seria Andreia, mas aquela vizinha, que sempre "mete o nariz aonde não é chamada" falou:

– Andreia? É um nome muito comum, por que não colocamos um nome que tenha a letra inicial de todos da casa?

E foi assim que nasceu o meu nome, oito letras sendo iniciais de cada irmão e duas letras do nome de minha mãe. Ninguém nunca consegue pronunciar na primeira vez, nem na segunda e alguns nem na terceira. Por este motivo, me chamam por apelido, ou pelo sobrenome, Bahia.

Pai? Melhor não falar. Ferida aberta que até hoje não fecha, que me deixa em alerta com o universo masculino. Mas, assim como milhares de mulheres, minha mãe me criou – muito bem, obrigada – com a ajuda das forças positivas do universo (amigos em forma de anjo, desconhecidos caridosos e guias espirituais bondosos).

Dois anos após o meu nascimento, minha mãe retornou ao interior do Recôncavo Baiano, pois teve que sair do apartamento que invadiu, no conjunto Bahia, no bairro do IAPI. Sustentar sete filhos com salário de professora e doceira não era fácil aqui em Salvador.

Das recordações que tenho e as que não gostariam de ter

A professora, minha mãe, era caprichosa e trabalhava muito para nos garantir uma educação de qualidade. Pela manhã, caminhava cerca de uma hora para ensinar em um distrito do município, em uma sala multiseriada (da alfabetização à 4ª série do primeiro grau). À tarde, trabalhava na biblioteca da cidade e, à noite, fazia doce e salgados para lanchonetes, casamentos e aniversários. Por que trabalhava tanto? Para pagar o aluguel, quando dava; colocar comida na mesa e a prioridade, pagar escola particular para os filhos. Ela dizia:

– Vou morrer cedo. Não vou deixar casa para vocês, dinheiro, nada de material. Mas vou deixar conhecimento, educação. Com isso sei que vocês vão se virar.

Além de todas essas atividades, sempre acolhia alunos do distrito, em casa. Como ensinava em região distante da cidade, sensibilizava-se com alunos que queriam completar o primeiro e segundo grau, mas moravam distante da escola. Resultado: minha casa estava sempre cheia.

Entre os três e quatro anos de idade, fui para a escola mais cara da cidade, um referencial na região e, consequentemente, com muitas crianças não negras. Até então, tinha uma infância normal: brincava, pulava, corria, tomava banho de mangueira, mergulhava em túnel, sem saber que era diferente. Isso mesmo, diferente. Quando a pró Suca, do Infantil, me recebeu na sala de aula, lembro-me que fiquei muito contente, iria ter mais amiguinhos e tinha uma casa grandona para brincar!

Lembro-me, como se fosse hoje, de fiquei encantada com a escola, cadeirinhas azuis (quatro ou cinco por mesa), mesinhas redondas e quadradas também azuis, vários bichinhos desenhados na parede, um lugar realmente mágico. Fizemos a oração para Papai do Céu, cantamos músicas, que pegavam na cabeça, no joelho e no pé; outra do cutuca o cotovelo.

– Hum! Cotovelo? O que é isso mesmo? (pensei com os meus botões). Olhei para a pró e ela mostrou direitinho. Poxa! Ela sabe tudo mesmo – constatei.

Fizemos a fila, cantando: *Quem vai chegando, vai ficando atrás. Menino educado é assim que faz!*

Oba! Finalmente cheguei à sala e fui me sentar junto à mesinha. Mas cadê os coleguinhas? Eles não se sentaram. Será que não é pra sentar aqui? – pensei. Olhei para a professora e ela estava ocupada vendo uns papéis no trono dela. Trono, isto mesmo! Ela parecia com aquelas princesas dos livros das histórias que minha mãe contava. Branca como a neve, cabelo de rabo de cavalo e comprido.

Mas, tinha que procurar uma mesa, que tivesse coleguinhas, para me sentar. Fui para a primeira mesa com uma cadeira vazia e os coleguinhas novos não me deixaram sentar, fui para a segunda... Estranho! O que tem de errado? Não me abalei, fui para a terceira mesa, mas a resposta era a mesma: "Não quero! Não pode".

A pró Suca saiu do seu trono e foi me socorrer, pois já estava quase chorando. Deu-me a mão, colocou-me sentada à mesa e falou: "A coleguinha não pode ficar sozinha. Então, vou escolher os coleguinhas que vão sentar com ela e comigo na mesa." Então, uma coleguinha do cabelo de milho, bem sorridente, disse à pró que queria sentar comigo; assim veio a segunda; e os outros dois a pró Suca escolheu. Não esqueço aquela amiguinha; o nome dela era Mônica. Nos dias seguintes, ela sempre me defendia quando algum coleguinha me chamava assim: *Nega preta! Nega do cabelo duro!* Ela sempre me defendia: "Ela não é nega preta nada, ela é minha amiguinha." Ou então dizia: "Vou falar para pró!" Eu chorava porque não entendia o que estava acontecendo. Em casa, fiz a queixa a minha mãe: "O coleguinha X, me chamou de nega-preta!" Com o jeito que só ela tinha, foi até a estante, pegou um livro muito grande e disse:

– Este livro é o "pai dos burros" e seu coleguinha precisa saber o que está escrito nele.

Pensei: burros tem orelhas grandes, eu vi na feira; e por que o livro não tinha orelhas? Minha mãe continuou:

– Vamos ver o significado de negra e de preta. E falou em voz alta:

– Negro adj. Que é de cor muito escura; preto, sombrio. / Física. Ausência absoluta de cor. / Fig. Triste, melancólico; funesto: dia negro. / Odioso, perverso, mau: alma negra. / &151; S.m. Pessoa da raça negra; preto. / Fig. Escravo. // Fam. Trabalhar como um negro, trabalhar sem descanso. // Bras. Meu negro (dito também meu nego), tratamento familiar carinhoso, equivalente a "meu bem".

- Preta adj. Diz-se de um corpo que apresenta a cor mais escura; negro. / Fig. Difícil, perigoso: as coisas estão pretas. / &151; S.m. O indivíduo de raça preta. / A cor própria do ébano. // Pôr o preto no branco, lavrar por escrito o que se prometeu verbalmente.

Como eu continuava olhando para ela, com os olhos esbugalhados de quem não está entendendo nada, ela sorriu , carregou-me e me levou até o quintal. Era noite e o céu estava cheio de estrelas mágicas.

- Vocês não sabiam? À noite, quando o sol vai dormir, as irmãzinhas dele aparecem no céu para brincar escondido. O melhor é que quando elas caem para dar um passeio aqui na terra, elas deixam a gente fazer um pedido, são as estrelas cadentes - contou minha mãe e ela continuou a falar:

- Lembra que te falei das estrelas cadentes?

Eu sacudi rapidamente dizendo que sim e ela continuou:

- Quando o sol está acordado é tudo dia; quando ele vai dormir é noite e aparecem suas irmãzinhas estrelas e sua irmã lua. Então, quando Deus criou o homem, Ele fez homens com a pele da cor do dia e outros com a pele da cor da noite, igual a da gente.

Como toda criança, queria saber mais:

- Por quê?

Minha mãe respondeu:

- Porque Deus queria fazer homenagem ao dia e à noite.

Continuei com outra bem criativa:

- Por quê?

Ela então disse que teríamos de aprender outra palavra no "pai dos burros". Pegou o dicionário e prosseguiu:

- Vamos ver... Está aqui, a palavra é *IGNORANTE, adjetivo. Que não tem saber. Que não é instruído em certas coisas.* Pronto! Seu amiguinho não é nada sabido, ele é ignorante. A palavra nega-preta não existe no dicionário. Ou ele vai te chamar de negra-negra ou de preta-preta; nega-preta não existe.

No dia seguinte, voltei para a escola e comecei a brincar e quando os quatro coleguinhas - três meninos e uma menina - começaram a me chamar de *nega-preta*, eu me lembrei do que minha mãe falou no quintal e disse:

- Eu não sou nega-preta nada, seus ignorantes (ou qualquer palavra parecida com esta, que uma criança de quatro anos pode repetir). Minha pele tem a cor da noite que aparece as estrelas.

Parei para olhar a reação e deu certo. Eles arregalaram os olhos, creio que mais por não entender o que eu estava falando e verificar que não me irritei ou chorei. Mas eu só pensava em minha mãe, ela era sabida igual à pró Suca.

Nos dias seguintes, meses seguintes, ocorreram as mesmas tentativas de insultos dos coleguinhas e eu sempre com a resposta afiada na ponta da língua:

– Aff! Que coisa feia, o "pai dos burros" falou que ou é negra negra ou é preta preta. *Nega preta* não existe, seu ignorante.

O interessante é que a pró Suca, a princesa de rabo de cavalo, nunca via os coleguinhas me abusando. Chegaram os dias em que eu não precisava ir para a escola e não entendia muito o porquê daquilo. Chamavam de férias. Só sei que comecei a tomar banho de mangueira, ir para o rio, às vezes, para o trabalho de minha mãe, pulava, brincava, corria... Até que um dia minha mãe falou: "Amanhã vai ter escola". Pensei: Oba, escola! Vou ver minha amiguinha Mônica, a pró Suca...

No outro dia, à tarde, lá estava eu na escola. Cantamos no pátio, oramos para Papai do Céu e fizemos a fila para ir pra sala de aula. Estranho! Uma moça estava levando a gente e chegamos em outra sala, de cadeirinhas e mesinhas amarelas, eu falei:

– Cadê a pró Suca?

A moça sorriu e disse que o nome dela era Marli e ela agora era a nova pró. Hum! Tinha mais coleguinhas novos, que bom! Gente parecida comigo! Dois deles tinham também a cor da noite na pele. Chamavam-se Neto e Sid. Mônica sentou na mesinha de atividades comigo. E assim começou um novo ano na escola, e logo iniciaram os apelidos e musiquinhas dos coleguinhas, coisas como estas: *Nega preta do bozó, toma banho e não lava o pó; Nega do cabelo duro; Trança de tolete de cocô; Saci Pererê; Tia Anastácia.*

Espera aí, de *Tia Anastácia* eu gosto. Ela faz os bolinhos de chuva do Sítio do Pica-Pau Amarelo e eu acho que ela mora na cozinha. Diferente de Dona Benta, ela não tem família. Eu gosto dela sim, mas queria que ela tivesse família.

Quando ouvia os insultos, retornava para casa e esperava minha mãe chegar do trabalho e ela sempre abria o "pai dos burros" – agora eu já sabia que aquilo era um dicionário. Em seguida, me dava uma explicação que me enchia de coragem para enfrentar os colegas. Filha de professora, que à tarde trabalhava em biblioteca, com tantos livros em casa e vendo minha mãe recorrer a eles a todo o momento, não deu outra, comecei a ler com cinco anos de idade. Quando se surpreendeu com minha rapidez na leitura para a idade, minha mãe falou:

– Agora, você vai poder pegar quantos livros queira, para ler na biblioteca. E o melhor, você sabe ler e seus colegas ainda não sabem. Então, você é a mais sabida! Isso não quer dizer que você seja melhor ou pior do que seus coleguinhas, isso significa que você é diferente e ser diferente é bom. Está vendo?

Não sabia direito o que minha mãe queria falar com aquilo, mas gostava quando a professora falava para as outras, com muito orgulho, que eu já sabia ler. Elas olhavam admiradas, falavam que estava ainda no início do ano e, como aluna do Infantil 2 eu sabia ler, e diziam: "Imagine quando ela chegar no Alfa?"

Meus coleguinhas gostavam quando eu lia estórias para eles. Aqueles dos apelidos em sua maioria diminuíram as ofensas, mas ainda havia um grupo de três que continuava me chateando.

Por que tinham nojo de mim?

Depois de um período sem ir para a escola, brincando de gude, pulando corda, subindo em árvores – escondido é claro! –, minha mãe me falou que iria voltar para escola na semana seguinte e pediu que eu fizesse cópias de texto, bem mais além dos que ela costumava passar para mim como dever. Livros ela não precisava pedir para eu ler, pois não largava deles.

Na alfabetização, já sabia que seria uma pró nova. No primeiro dia de aula todos fomos para o pátio orar para Papai do Céu e cantar. Gostei muito desta musiquinha:

A vida é sempre feliz, feliz! Se existe amor e união!
A vida é sempre feliz, feliz! Com paz no coração!
Por isso meus amiguinhos, daremos todos as mãos!
Branquinhos, pretinhos e amarelinhos! Nós todos somos irmãos!
Branquinhos, pretinhos e amarelinhos! Nós todos, nós todos, somos irmãos!

Depois da cantoria, fomos para a sala, com a pró Feféu e, que coisa estranha! As cadeirinhas e mesinhas não eram mais as mesmas, era uma carteira de madeira em que cada aluno sentava sozinho e a pró chamava cada um pelo nome para ocupar as carteiras. Gostei muito disto, porque fiquei na segunda fileira e na segunda carteira, bem pertinho da professora. Mas, Mônica já estava distante, não podia mais me defender, dizendo para os colegas: "Ela não é nega preta nada! É minha amiguinha!"

Na alfabetização, uma vez por semana, íamos fazer atividades físicas em uma rua próxima à escola e dona Ceiça, uma senhora muito velhinha que morava nessa rua, dava água para todos da escola. Depois das atividades que eram feitas na rua, fazíamos uma fila e cantando seguíamos para a casa dela, que nos esperava com uma bandeja com uns dez copos e um vasilhame de água, para servir a todos. Foi aí que aconteceu algo que me machucou muito.

Eu estava na fila para beber água e naquela época, é claro, descartáveis eram coisas de luxo, por isso os copos de vidro eram aproveitados: assim que um aluno bebia, o outro tomava água no mesmo copo, logo em seguida.

Quando chegou a minha vez, eu bebi água e o coleguinha que beberia, em seguida, no mesmo copo, não quis beber. Então, no meu copo ninguém mais bebeu. No momento, não sabia decifrar o que estava ocorrendo, só sei que via as caras de nojo dos coleguinhas que deveriam beber no mesmo copo que eu. Quis correr, me esconder, fugir, mas não dava, eu era obediente e não ia decepcionar a minha pró, porém fiz a única coisa que poderia fazer no momento, chorei.

Neste momento, lembrei-me da música da escola: *"Branquinhos, pretinhos e amarelinhos! Nós todos somos irmãos! Branquinhos, pretinhos e amarelinhos! Nós todos, nós todos, somos irmãos!*

Tinha apenas seis anos e, de uma forma muito difícil, aprendi que a musiquinha era mentira, e que tudo era tão estranho. Minha mãe me disse que bonito era ser diferente, mas eu não queria ser mais diferente, eu queria ser igual a todo mundo.

Neste dia, cheguei à minha casa muito zangada – "bicuda", como dizia minha mãe. Ela me perguntou o que eu tinha e eu respondi:

– Eu não quero ser mais negra negra, nem preta preta; compre um esmalte e me pinte de branco. Eu odeio ser nega preta.

Ela me deixou um pouco quieta e depois me colocou de castigo, sentada na cadeira do corredor da casa, olhando para o relógio. Ela me disse que quando o ponteiro grande e o pequeno chegassem ao número sete, eu poderia sair e conversar com ela. E disse que eu estava de castigo porque gritei e respondi.

Aff! Tudo eu. Todo mundo me odeia, pensei.

Os dias seguintes...

Na manhã seguinte, não queria ir para escola, disse que estava com dor de barriga, com febre, dor nos olhos, tudo doía; só não estava entendendo que o que mais doía era o coração. Minha mãe disse com uma voz firme:

– Vai para escola sim. E outra: não adiantou dormir no castigo (não me lembrava que tinha dormido). Você vai para escola hoje à tarde; não quero mais que fale alto comigo, senão vai apanhar com a bainha de facão. E nunca mais quero ouvir você dizer que não quer ser negra, porque, minha filha, sou preta com muito orgulho. E outra, aprenda logo, que dois pês na vida é para se ter orgulho: **p** de preto e **p** de pobre; mas **p** de porco, nunca. Demorei a saber o significado dessas palavras, mas depois elas me ajudaram.

Diferente dos outros, naquele dia, minha mãe fez questão de me fazer tranças soltas com miçangas na ponta. Meu cabelo era grande, muito cheio, e minha mãe costumava fazer isso de tempos em tempos. Ela sabia que eu adorava sair com aquele penteado, pulando e balançado as minhas tranças. Não posso esquecer de falar: ainda pequena, ela me dizia que iria morrer cedo e eu tinha que aprender a me virar, para não ficar sofrendo na mão dos outros. E ela me ensinou a me virar em casa, na vida e no discurso.

Ah! E como ajudou no discurso! Por exemplo, quando alguma criança me chamava de "nega do cabelo duro" ou "cabelo de Bombril", eu falava o que minha mãe leu para mim no dicionário sobre a palavra duro: "Olha aqui! – e apontava para a parede ou mesa e batia – Duro é pau, duro é parede. Meu cabelo é de mola, é crespo, e muito lindo! Fica onde eu quero, posso fazer tranças, rabo de cavalo. E o seu, se fizer trança, desmancha". Por um tempo funcionava, mas depois voltava de novo.

Os dias se passaram, continuei indo a escola e seguindo a orientação de minha mãe, para estar entre os melhores no desempenho escolar. Já tinha mais amigas, além de Mônica, mas os abusados continuavam. As quadrilhas juninas eram um tormento, os coleguinhas preferiam as meninas brancas de cabelos compridos, iguais aos da história de Rapunzel, para fazer par. Mas o que eu gostava mesmo era saber que, na sala de aula, eles me pediam para ensinar o dever, pediam ajuda na prova.

Tivemos uma pecinha de teatro na escola e foram à Alfabetização perguntar à professora se alguém daquela sala poderia decorar um texto. Ela não pensou duas vezes e respondeu:

– Bahia pode decorar sim.

Foi ótimo! O espetáculo era o casamento de Dona Baratinha e Dom Ratão. Não errei o meu texto. No dia seguinte, a professora foi à sala com a diretora, que me deu os parabéns, pediu palmas para mim... Eu me senti! Mas, naquela mesma tarde, o grupo dos quatro amiguinhos, no canto do pátio do recreio, começou a cantar a música "*Nega do suvaco fedorento, raspa a bunda no cimento, pra ganhar mil e quinhentos*" e depois me bateram com um pedaço de madeira fina que encontraram. Acho que só não sabiam que tinha um prego na ponta, que deixou a madeira dependurada no meu ombro. Eles correram e fui chorando mostrar à professora. Ela retirou a madeira do meu ombro, limpou com um líquido vermelho que ardia, e me perguntou: – Quem fez isso? Disse os nomes. A pró Feféu só não esperava que sua filha fosse a única menina envolvida no meio do grupo que me machucou. Ela, então, me fez uma pergunta estranha: – Você gosta de injeção? Respondi prontamente que não. A professora pediu para não falar com minha mãe, senão ela me levaria ao hospital para tomar injeção. Concordei assustada. A ideia de tomar injeção me dava medo.

Em casa, no final da tarde, fui direto para a varanda. Naquele dia queria tomar banho de lua e ficar branca como a neve, igual à música. Dormi na rede e acordei com minha mãe do lado, perguntando o que havia acontecido. Esqueci o que a pró tinha me falado sobre a injeção e disparei meio confusa:

– O prego do ombro, madeira da injeção, os meninos ignorantes!

Ela pediu para eu me acalmar e falar bem devagar. Falei devagarinho. Sentada no seu colo, todo o mundo era melhor.

O que aconteceu?

Sempre dormi com minha mãe. Pela primeira vez a vi chorando de noite, antes de deitar. Acho que ela pensou que eu estava dormindo.

Naquele dia, ela não foi para o trabalho. À tarde, me acompanhou até a escola e foi conversar com a pró Feféu e a moça diretora. Chamaram os coleguinhas, depois todo mundo voltou para sala. Minha mãe me deu um beijo e foi embora. A pró Feféu pediu para os colegas me pedirem desculpas na frente de todo mundo. Eles pediram, mas vocês acham que depois disto eles pararam?

Dias depois, tudo começou de novo. Só que agora tinha medo de contar a minha mãe e ela ficar chorando. Como iria dizer que toda semana, depois do recreio da rua, os colegas tinham nojo de beber água no meu copo e no dos colegas que tinham a cor da noite na pele? Isto continuaria na série seguinte e na seguinte até que, na terceira série, houve uma mudança. Mas, esta contarei na próxima estorinha.

EVA BAHIA é bacharel em Administração de Empresas pela Faculdade Vasco da Gama. Tem pós graduação em Docência do Ensino Superior pela Faculdade da Cidade do Salvador. É pesquisadora do Núcleo de Estudos e Pesquisas de Gênero, Raça/Etnia e Geração - NEP GREG – UFBA. Atua como coordenadora Administrativa e Educadora Social do Instituto Búzios, docente do Ensino Superior, consultora de Soluções Corporativas e Instrutora de Treinamentos.

DA DOR ANTIGA

Martha Rodrigues

SOFRO DE DOR antiga. Destas que estão na memória das células. Vieram de longe e ainda estão comigo. Conhecer a memória da Dor tem sido caminho duro, terra que eu me recusei a visitar, sabedora de uma Fera que habita esse lugar de dor, que mostra seus dentes toda vez que se percebe invadida, ainda que em memórias. A Fera marcou seu espaço, construiu muros, se armou até os dentes, afiou as garras e espera.

Preciso conhecer a Fera, mas não quero. Tenho que conhecê-la, sentar-me com Ela, pactuar com Ela uma trégua, um espaço de paz. Disso depende minha vida, saúde, felicidade e amor.

Meu amor pede expressão, quer abraçar, falar doce, ser mansa com os meus, mas a Fera tranca minha fala, endurece meu corpo de medo e pavor. Astuta, a Fera sopra nos meus ouvidos os medos antigos: Vão abandonar você de novo. Recusarão e vão debochar do seu amor! Você vai morrer lentamente de fome de amor! Proteja-se! Guarde-se! Arme-se! Eu, a Fera, estou aqui para proteger você. Fique comigo e viverá. Estou aqui desde o começo, conheço o caminho de agora e sempre.

Mas parte de mim não acredita na Fera, quer soltar-se, fazer-se livre e experimentar. Quando a Fera faz dormir seu pequeno tempo de trégua, a pequena esperança me visita, me inspira possibilidades, me faz desconfiar das certezas da Fera. Por uma pequena janela, a esperança me mostra possibilidades de mim mesma, uma moça doce que abraça crianças aos montes, conta estórias à sombra de mangueiras em flor, ri sem medo, ri de corpo todo, chora de rir em meio às crianças.

A Fera desperta, tudo fica cinza, o medo volta e no muro nenhuma janela se avista; da visita da esperança só o coração disparado lembra. E é o coração que me faz enfrentar a Fera, entrar em seu território, com palavras e esse sentimento quente no meio do peito: E se não for bem assim? Se do outro lado do muro houver crianças e uma mangueira em flor e estórias para contar? Estórias de um tempo bom, de abraços, de riso, de fartura, amor e paz.

A Fera ouve. Posso ver-lhe as garras, que espreitam, esperam um deslize, uma farpa de medo e a Fera cai sobre mim. A visão da pequena janela encoraja minha fala, o coração assume o tempo espaço. Enfim, posso convidar a Fera para o tempo de paz, não mais uma trégua, tempo breve de sonhos ruins.

Consigo, ancorada no amor, abrir a grande janela, as portas da esperança no muro escuro. A luz sem censura toma todos os cantos, espanta a tristeza, liberta a Dor Antiga de sua prisão do medo.

Meu filho não quer ir à escola. Estudou, passou no processo seletivo. Faz seis meses que ele está na nova escola, e durante todos estes dias ele promete: Não volto mais lá. Discute:

"Precisava eu ter a pele mais negra da turma? O cabelo que nem o relaxante dá jeito. Olha seu cabelo, mãe; é tão melhor!". Conversamos, trocamos o produto do cabelo, que não muda nada, é claro. O que incomoda meu filho é outra coisa.

Já estive na escola cinco vezes, conversei com a pedagoga que tenta me tranquilizar: "Isso é coisa de jovem, seu filho está inseguro no novo ambiente, vai passar por isso muito bem, isso se resolve com o tempo. Ele veio de uma escola diferente, com outra metodologia, aqui são muitas exigências, outro ritmo. Ele é forte, vai passar bem por esse período."

É palpável o desconforto da moça ao conversar comigo, eu relato as reclamações do meu filho quanto ao comportamento de alguns colegas em relação a ele. Peço a ela que convide os pais para que juntos possamos chegar a um consenso, mudar o tratamento que esses meninos vêm dando ao meu filho. Digo a ela que vou aguardar o agendamento de tal encontro, que não acontece. Passa uma semana, um mês... E nada.

Ela me recomenda um psicólogo, especialista em adolescentes. Com o telefone do moço na mão, fico pensando... Será que meu filho precisa do psicólogo? Ele é que tem sido alvo de piadas, brincadeiras de mau gosto. Ligo e converso com o moço, mas ainda assim é desconfortável. Será que é mesmo o meu filho quem precisa de orientação neste caso? Quão forte um jovem precisa ser para sobreviver num ambiente hostil, onde ele oferece o seu melhor, ou seja, tem as melhores notas da turma, é querido por professores e funcionários, exatamente por tratar a todos respeitosamente? O desconforto não me abandona. Reconheço tal sentimento, a Fera em mim se move.

No dia seguinte ele é taxativo: Não volto mais. Mostra envergonhado um e-mail distribuído para a turma toda. No texto xingamentos, referências racistas, piadas ofensivas. Choramos juntos.

A Fera em mim quer matar, não é mais na pele da Fera, feriram sua cria, ela quer sangue, quer ferir do mesmo modo. Tudo fica cinza, e a Dor mostra sua cara.

A Fera esteve comigo todo esse tempo, faz parte da memória das minhas células. Protegeu-me, cuidou, ensinou-me a sobreviver. Preciso dela como ela de mim, partes de um todo.

Agora ela se revolta e grita: Eu não avisei? Você baixou a guarda, abriu seu coração, confiou no mundo, acreditou no tal do amor, olha só no que deu? Feriram seu menino.

Conversando com o Promotor de Justiça da minha cidade (com a Fera na coleira), sem lágrimas, relatando o acontecido como quem lê o jornal da manhã e o coração a mil, eu e meu filho fizemos a denúncia e iniciamos o processo investigativo.

Dias depois recebemos pelo correio a resposta do Ministério Público sobre o procedimento: a escola foi convidada a comparecer junto ao Promotor e fizeram um planejamento sobre quais seriam as atitudes a serem tomadas a partir de então. Os pais dos envolvidos também foram chamados. Quanto sofrimento até que algo efetivo fosse feito, quanta dor, vergonha e raiva, mas, talvez, necessário para que eu e meu filho pudéssemos exercer de fato o direito de sermos tratados como cidadãos. Se existe a lei, mas não a fazemos cumprir, é uma lei vazia. Cria-se a lei para regular as relações na sociedade. Tal como um exercício ela tem que ser praticada sob pena de se perder e ser apenas... mais uma lei.

Como ensinar para a escola o caminho de lidar com questões como essa, se só há bem pouco tempo o país assume sua raça, cor, etnia, miscigenação? Quanto a intolerância caminha destruindo o diferente pelas ruas, pelas escolas, pelos caminhos do mundo?

Perguntaram: Mas quando tantos problemas mais sérios acontecem, você leva isso à Promotoria? É simples a resposta: Quanto vale a autoestima de um jovem cheio de talentos e possibilidades? Como dizer para este jovem "sim, você tem talento, vá atrás dos seus sonhos", se a ferramenta da autoestima foi destruída ao longo do caminho pela ironia, pela falta de respeito ao ser humano? Quanto vale a vida de um jovem que se deixa morrer na depressão, suicídio, compulsão, fome de algo que nem ele mesmo identifica?

Hoje meu filho está na França. Ele viajou sozinho. Falando inglês fluente. Seguro, quando o pararam na imigração (e sabíamos que seria assim, afinal um metro e oitenta, negro, viajando sozinho, vindo do Brasil...Não que desejássemos isso, mas o mundo ainda é preconceituoso) para explicar em claro e bom som: Vim visitar minha irmã, aqui está a carta-convite; a declaração da escola, onde se lê que os alunos são estimulados a praticar tais desafios como exercícios de independência; o seguro saúde exigido pelo governo francês; e dinheiro suficiente na carteira. Ele só conseguiu realizar tal feito aos dezessete anos porque se sabia merecedor. Conquistou o direito, aceitou-se tal como ele é.

Talvez, só pela educação tal viagem tenha sido possível. Isso é algo que eu acredito, porque é válido para minha estória, quando eu mesma consigo expressar, pela palavra escrita, minha dor, alegria, sonhos e até mesmo minha fúria. Sou grata a todos os meus professores que tornaram isso possível.

Perguntam-me: onde aprendi inglês? Espanhol? De onde veio meu gosto por livros? Quando aprendi a fazer enxertias se nunca fiz escola agrícola? Na escola pública. Onde mais? Onde uma família muito pobre pode educar quatro filhos e desejar para eles o melhor?

Parafraseando Mikal Gilmore, em seu livro *Tiro no coração*, "escrevo, escrevo para curar-me".

Assim faço eu, para curar-me de toda violência vivida, as portas do fundo apontadas para mim, sem dó. Eu tinha e ainda tenho muito a escrever. Agora, sobre um tempo melhor que eu, exercendo o meu direito de cidadã, ajudo a construir.

Meu nome é **MARTHA RODRIGUES**, mulher negra, mãe de três filhos e avó de um menino franco-brasileiro; que descobre hoje, aos cinquenta e quatro anos, que a vida é boa e generosa, que a educação recebida por mim permitiu e permite que eu escolha todos os dias viver ou sobreviver. Para mim, viver sempre.

IMPACTOS DO RACISMO NA MINHA TRAJETÓRIA ESCOLAR NO ENSINO FUNDAMENTAL

Nádia Cardoso

A VIDA escolar das crianças negras tanto em escolas públicas quanto em escolas particulares é marcada por processos de inferiorização pela cor da pele e pela pobreza, geracionalmente reproduzidas nas famílias negras. Minha história escolar não é diferente disso.

Fui alfabetizada por minha mãe – muitas vezes à luz de velas – antes de chegar à escola pública, aos sete anos de idade. Minha mãe, mulher negra, só teve três anos de estudo do ensino fundamental. Aliás, minha mãe é um exemplo de como famílias pobres e negras reconhecem a importância da educação formal para a vida dos filhos e filhas e lutam para desenvolver a escolaridade. Minhas memórias de criança são repletas de cenas semelhantes a essa: eu estudando pela manhã para a prova à tarde, chego ao quintal da nossa casa e vejo minha mãe estendendo as roupas no varal, ao mesmo tempo em que segura minha irmã recém-nascida, sua quinta filha. Pois essa mulher, ainda encontra braços para pegar meu caderno com as questões da prova e ir me perguntando cada questão, para verificarmos, eu e ela, se eu já estou sabendo as questões que vão cair mais tarde na prova.

Fiz o primeiro e o segundo ano do ensino fundamental numa grande escola pública da periferia de Feira de Santana – Escola Estadual "Georgina de Melo Erisman", na Chácara São Cosme – junto com meus dois irmãos mais velhos. Fui feliz nessa escola. Era uma escola pública, cuja maioria dos estudantes eram negros e negras e lá me sentia em casa. Além disso, estudava com meus irmãos mais velhos. Um deles, Chico, estudou na mesma sala que eu, durante o segundo ano do ensino fundamental e isso foi registrado na minha memória como muito legal – éramos parceiros e amigos. Desde o primeiro ano nessa escola, revelou-se minha habilidade com matemática e isso me enchia de moral na família, pois me reconheciam como uma criança muito inteligente já que era "boa" em matemática.

Meu pai era um excelente alfaiate que fez concurso no ano em que nasci e conseguiu tornar-se soldado da Polícia Militar. Por causa da habilidade na profissão e sob muito sacrifício econômico da família, no entanto, só conseguiu chegar até subtenente ao se aposentar, após mais de trinta anos nessa instituição extremamente hierarquizada.

Esse homem negro – que aos sete anos, junto com três irmãos mais novos, perdeu pai e mãe, vítimas de tuberculose na década de 40, e só quando adulto termina o ensino médio –, me pergunta, às vésperas de meu aniversário de nove anos, que presente gostaria de ganhar. Eu, filha mulher mais velha, durante muito tempo única, respondo, na minha pura inocência infantil, que gostaria de estudar numa escola chamada Pequeno Príncipe. Meu pai cumpre o meu desejo, apesar de ser uma escola particular, cara para o salário de cabo da Polícia Militar. E havia ainda as despesas mensais com os sete filhos. Mas ele consegue meia-bolsa de estudos, através de um vereador da cidade de Feira de Santana, e me matricula no Pequeno Príncipe.

Minha mãe não concordou com o sacrifício para colocar apenas uma filha numa escola particular diante de uma economia familiar precária para responder às demandas de outros seis filhos. Ela, com seu espírito de mãe guerreira, era quem segurava as privações dos filhos dentro de casa, nunca deixando a gente passar fome. Mas meu pai não era homem de ouvir a esposa para tomar decisões. Assim, lá fui eu toda feliz e encantada para o Pequeno Príncipe.

Porém, logo cedo descobri que de conto de fadas aquela escola não tinha nada. Apesar de reconhecidamente excelente aluna, era vista pelos diretores do Pequeno Príncipe como a menina feia e suja, cujo cabelo alisado a ferro quente toda vez que era penteado soltava quebras que ficavam na farda. Em meio às crianças das classes média e alta – a elite branca da cidade de Feira de Santana –, me sentia um peixe fora d'água.

No primeiro ano de estudo nessa escola, uma colega, que era filha do professor de Educação Física, conversando com outra coleguinha, diz: "Meu pai nasceu em Salvador". Como estava perto da conversa, comentei: "Eu também nasci em Salvador". Minha colega reagiu imediatamente: "Mas ele não é feio como você!" Calei-me e me recolhi à minha insignificância, pois, no fundo concordava com ela: eu era feia, pobre, negra.

Só me restava uma saída para me sentir um pouco mais igual àquelas crianças brancas, de cabelos longos e lisos, que a qualquer momento podiam ter tudo que quisessem, que moravam nos bairros mais elitizados da cidade – estudar, estudar, estudar, para ser notada como a criança estudiosa que tira boas notas. E assim foi!

Os diretores, donos do Pequeno Príncipe, eram um casal de protestantes. A diretora era famosa como uma mulher extremamente rigorosa e zeladora da ordem e dos bons costumes. Era ela quem dava aula de Religião, na qual reproduzia esse rigor na apresentação de Deus para nós alunos e alunas. Todos nós tínhamos medo dela e era de sua boca que ouvíamos as palavras de Deus – um Deus castigador, que sempre está nos vigiando, nos julgando e nos punindo. Foi esse Deus que me foi apresentado pela escola: um Deus com poderes panóticos, nos termos de Michel Foucault, já que a simples consciência do seu olhar sistemático sobre nós já domesticava nossos comportamentos e tornava nossos corpos dóceis, para nos submetermos às regras e disciplinas da escola. Sentia-me como na canção de Raul Seixas, intitulada *Paranóia*, em que ele diz: "*Tinha tanto medo de sair da cama à noite pro banheiro. Medo de saber que não estava ali sozinho porque sempre... sempre... sempre... Eu estava com Deus! Eu estava com Deus! Eu estava com Deus! Eu estava sempre com Deus... Eu tinha medo...*"

Quando minha mãe ia às reuniões de pais e mestres, voltava me falando das críticas que a diretora teria feito a meu cabelo, minha roupa, meus sapatos. Interpretava isso como uma crítica à minha existência, ao meu corpo no mundo. Minha reação foi tentar o máximo possível parecer que não existia – fazia de tudo para não ser notada, achava que quanto menos sentissem que eu existia, menos críticas eu receberia. Essa estratégia eu adotei durante toda minha vida escolar. Assim, as pessoas passaram a me reconhecer como uma menina muito tímida e a timidez, eu sabia, era um profundo sentimento de inferioridade.

Eu ficava sempre preocupada com a forma que iriam tratar minha mãe nas reuniões de pais e mestres – uma mulher mãe de sete filhos, que além de negra e pobre, era considerada pelo sistema formal de ensino como analfabeta funcional. Ficava pensando como minha mãe devia se sentir no meio das "madames" da *society* feirense, que eram as mães das minhas colegas. Imaginava como essas "madames", "sinhazinhas" iriam tratar minha mãe, já que o perfil de mulher da minha mãe era o das empregadas domésticas que elas tinham em casa, ainda reproduzindo "colonialidades" através de relações do tipo escravista. Contudo, apesar de receber essas críticas, minha mãe ia a todas as reuniões de pais e mestres, pois, por outro lado, voltava orgulhosa por ouvir sempre as professoras e a própria diretora afirmarem o quanto inteligente e estudiosa era a filha dela. Portanto, ser inteligente e estudiosa era a redenção. Precisava me constituir sempre como uma criança que, apesar de feia, pobre, negra, era inteligente e estudiosa, para salvar alguma humanidade para mim e para minha família.

Outra forma de inferiorização que vivia todo ano na escola era o fato de meu pai nunca conseguir pagar as mensalidades em dia. Vivia, em função disso, vários constrangimentos: ficava impedida de fazer provas, ameaçada de ir para a recuperação, pois meu pai só conseguia pagar a escola quando saía o 13º salário, no final do ano.

Essa foi minha infância no ensino fundamental: me sentindo atormentada, acuada, intimidada por processos de exclusão e discriminação e sem ter plena consciência das causas – o racismo e a pobreza gerada pelo racismo –, mas com alguma consciência forjada na experiência dos preconceitos e das discriminações. Na caminhada de volta para casa, as crianças olhavam para mim e diziam: "Olha como ela é feia!". Ora, se lindas eram as meninas brancas, de cabelos lisos e longos, logo, eu era feia por ser negra, ter cabelo "duro" e usar roupas e sapatos que não eram novos e não estavam na moda. Para não ter que arcar com despesas anuais de compra de sapatos escolares, meu pai comprava congas e kichutes sempre com números a mais do que eu realmente calçava. Isso me fazia me sentir ainda mais antifeminina, feia e desengonçada.

Diante de todas essas experiências subalternizantes vividas durante minha vida escolar, cursando o ensino fundamental no Pequeno Príncipe – da terceira série ao ginásio –, desenvolvi uma doença que durante muito tempo meus pais ficaram investigando o diagnóstico. Quando chegava à escola, sentia uma dor constante para urinar, mas não conseguia urinar. Minha mãe inicialmente achou que fosse infecção urinária e me deu muito chá de quebra-pedra. Fiquei alguns dias sem ir à escola. Como não melhorava, minha mãe me levou ao médico para fazer exames, quando constatamos que nada tinha a ver com infecção urinária. Voltei à escola, sentindo os mesmos sintomas. Ao chegar em casa, passei a deitar na cama com panos e plásticos, onde ficava fazendo xixi até relaxar e ir soltando aos poucos mais xixi. Vivi isso durante muitos anos, até que meu pai me levou a uma médica psiquiatra que diagnosticou um problema psicológico. Mas, em nenhum momento, ela relacionou as minhas dores psicológicas às minhas vivências dentro da escola. Até hoje, quando estou muito tensa, sinto a mesma dor.

Isso tudo me fez uma criança e adolescente muito triste. A minha cura só se iniciou quando fui para Salvador fazer a universidade, já com dezessete anos. Viver numa cidade como Salvador, na década de 80, no período do processo de reafricanização da cultura baiana, foi fundamental para meu processo de humanização e, portanto, de recuperação da minha dignidade humana. Naquela época, a cidade voltava a valorizar a matriz africana de sua cultura – blocos afros, como o Olodum, explodiam a cidade de alegria, cantando. O *Egito Negro* e o *Ile Aiyê* já desfilavam sua africanidade de forma digna e orgulhosa pelas ruas, no carnaval baiano. Os Movimentos Negros baianos já faziam barulho, afirmando que o racismo era um problema grave no Brasil, impedindo o desenvolvimento humano da maioria negra baiana.

Entrei para o Grupo de Capoeira Angola Pelourinho, onde permaneci por mais de dez anos. Essa foi uma atitude decisiva para ser quem sou hoje. Foi nessa entidade que tive acesso ao debate sobre identidade negra, racismo, antirracismo, culturas negras, africanidades. Lá desenvolvi habilidades de trabalhar em grupo, de organizar e protagonizar eventos e seminários, de liderar e coordenar grupos, de promover o desenvolvimento institucional, de elaborar projetos de intervenção, de falar para grandes públicos, de articular com outras organizações, etc.

O Grupo de Capoeira Angola Pelourinho, através do trabalho que fazíamos como aprendizes, deu visibilidade à tradicional capoeira angola, aos seus grandes Mestres e à origem africana da capoeira. Revelou ainda a história e a cultura africana reinventadas no Brasil e a história de criminalização e resistência negra presente nas práticas da capoeira, além de desenvolver a auto-estima, o sentimento de pertenciamento étnico-racial, o projeto de vida de centenas de jovens em Salvador. Contribuímos para a legitimidade de um grupo de capoeira, como organização do Movimento Negro comprometida com a luta contra o racismo e para a articulação conceitual entre educação, cultura e capoeira angola.

E, assim, me tornei gente. Orgulhosa e digna de ser o que sou.

NÁDIA CARDOSO – Possuo graduação em Ciências Sociais pela Universidade Federal da Bahia (1988), especialização em Direitos Humanos (2001) e mestrado em Educação e Contemporaneidade pela Universidade Estadual da Bahia (2006). Atualmente sou doutoranda no Programa Multidisciplinar de Pós-Graduação em Cultura e Sociedade na Universidade Federal da Bahia (2012); e docente das disciplinas sobre fundamentos sócio-antropológicos e em outras relacionadas ao campo da educação, em cursos de especialização e no Curso de Formação Especial Docente, realizado pela Faculdade de Ciências da Bahia (FACIBA) em parceria com o Ministério da Educação (MEC). Em 2012, atuei como consultora para assistência técnica extensiva às organizações sociais e comunitárias da Península de Itapagipe e Subúrbio Ferroviário de Salvador, em assuntos de fortalecimento institucional, elaboração de projetos, elaboração de plano de ação, captação de recursos, plano político-pedagógico institucional, formação em direitos humanos, raça e gênero, etc. De 2008 a 2011, fui coordenadora de Educação para as Relações Étnico-Raciais e Diversidade da Secretaria de Educação do Estado da Bahia. Tenho experiência em elaboração e coordenação de projetos em organizações sociais como o Instituto Steve Biko, Ceafro, Grupo de Apoio á Prevenção a Aids da Bahia (Gapa), Centro de Defesa da Criança e do Adolescente (Cedeca), Projeto Axé, atuando seja na área de antropologia das populações negras seja nas questões de história e cultura africana e afro-brasileira, educação para as relações étnico-raciais, igualdade racial e de gênero, direitos humanos, educação quilombola, prevenção ao hiv/aids, capoeira angola, crianças e adolescentes em situação de rua, defesa de direitos da infância e adolescência, prevenção à aids e às violências sexuais contra crianças, adolescentes e mulheres, juventude negra, etc.

LEMBRANÇAS DE MULHER NEGRA

Valdecir Nascimento

> *"Todo dia o sol da manhã*
> *Vem e lhes desafia*
> *Traz do sonho pro mundo*
> *Quem já não o queria*
> *Palafitas, trapiches, farrapos*
> *Filhos da mesma agonia*
> *E a cidade que tem braços abertos*
> *Num cartão postal*
> *Com os punhos fechados na vida real*
> *Lhe nega oportunidades*
> *Mostra a face dura do mal."*
>
> (*Paralamas do Sucesso*)

NASCI em Alagados, na península itapagipana, hoje denominado bairro do Uruguai. O nome atribuído ao bairro até hoje não consegui identificar, sei apenas que era um lugar maravilhoso, cercado de água e pretos por todos os lados. Residíamos em cima do mar. As compras eram realizadas às sexta-feiras com a chegada dos saveiros (embarcações típicas do Recôncavo Baiano) que aportavam na caieira, final da ponte em que trafegávamos para baixo e para cima, num vai-e-vem constante, até alcançar as áreas aterradas do bairro. Essas embarcações vinham de Ilha de Maré, Maragogipe, Salinas das Margaridas, Nazaré das Farinhas e demais localidades do Recôncavo.

A dinâmica cotidiana era viva, o movimento era grande, as pessoas iam e vinham, para lá e para cá. Era muito divertido ir à quitanda comprar tempero, levar algum recado, brincar, conversar com os vizinhos (inclui vizinhos e vizinhas). Dona Jandira, essa, não deixava de cumprimentar a todas e todos que passavam e, de vez em quando, gritava chamando a atenção da criançada: *Ô menino, para de balançar essa ponte, você vai cair, viu? Cadê sua mãe? Vou fazer "queixa" para ela...* E havia os momentos instigantes em que pulávamos no mar, mergulhávamos, o empurra-empurra... Assim iniciava o nosso ritual de aprendizado, de contato e convivência com os signos, símbolos e significados da comunidade, e também o desenvolvimento de aptidões; aprendíamos a nadar, mergulhar, catar mariscos, pegar peixe, siri. Era essa a nossa ambientação.

Nesse território éramos apenas crianças negras, alegres, divertíamo-nos com todos os acontecimentos. Não existiam diferenças; todas iguais, sem discriminação. Os apelidos que nos eram atribuídos estavam relacionados às nossas habilidades ao nadar, mergulhar, pela quantidade de peixe ou de mariscos que conseguíamos pescar e, assim, seguíamos felizes, dentro da paz e sossego peculiares para o olhar de uma criança.

Porém, esse ambiente saudável que nos completava, que desenhava um mundo de possibilidades e felicidades, de repente, sem muitas explicações era interrompido. Mudava-se o cenário exatamente no momento em que as crianças precisavam dar novos passos e alcançar outros territórios da cidade, principalmente a parte mais urbanizada do bairro, o acesso aos serviços de saúde, o transporte e a escola, esta que deveria ser para todas e todos.

Nestes instantes era possível perceber algo estranho, pouco compreensível para uma criança. Ao adentrar em outro espaço, as mudanças nos olhares dirigidos a nós, a forma como éramos atendidos, as expressões de espanto nos rostos; os olhares eram "fulminantes" e manifestavam desprezo e desconfiança. Pareciam letreiros luminosos a perguntar: *O que estão fazendo aqui? O que querem? Como deixaram vocês chegarem até aqui?*

A angústia e a agonia apertavam o meu peito. O sentimento de insegurança, de inadequação, de não pertencimento, me tomava... Esse aqui não era o nosso lugar tranquilo, onde todos e todas se conheciam, onde pedíamos a bênção às mais velhas e os adultos eram nossos tios e tias. A comunidade era uma grande família, uns cuidando dos outros, na mesma crença, com sonhos idênticos (melhorar de vida, oferecer o melhor para os seus). Muitas perguntas passavam naquele momento pela minha cabeça, desejava entender o porquê de tanta indiferença, desconfiança... Ah! Eu imaginava que o mundo era igual ao meu lugar, onde todas e todos se cuidavam, socorriam uns aos outros quando necessitavam, dividiam o pouco que tinham (uma xícara de açúcar, um pouco de farinha, uma medida de dendê para a "moqueca de ovo"). Que mal-estar! A vontade era sair dali correndo e não voltar mais.

Então, eu começo a pensar e as respostas vão aparecendo aos poucos, como nos filmes; as cenas vão passando sequenciadas: éramos diferentes, pretinhas e pretinhos, cabelo pixaim, olhos brilhantes de alegria, zuadentos e inquietos, como todas as crianças sadias, mas ao nos olhar estávamos marcados pela herança que trazíamos do lugar, pois estava impregnada em cada um de nós a marca do nosso território, os ***Alagados*** – *"...Palafitas, trapiches, farrapos/*

Filhos da mesma agonia..." Negros, negras, filhos de trabalhadores e trabalhadoras, que garantiam a sua sustentabilidade com o que o ambiente oferecia; cabelos carapinhas, como os nossos ancestrais, parte da nossa história; mas ao nos olhar eles não viam esperança nem outras possibilidades, éramos apenas a ameaça que precisa ser contida, controlada.

O mais espantoso e o que mais marcou a minha vida, na fase de crescimento, foi o contato com o ambiente escolar, porque ambiente de educabilidade eu já experimentara, pois na comunidade tudo era espaço educativo: ali aprendi a respeitar as pessoas mais velhas, ali era obrigatório pedir a bênção a todas, dizer *obrigada* e *por favor*, que era permanente e assim fui me educando, me formando. Entretanto, a recepção ao adentrar a escola foi singular.

Inicio falando para vocês como era a escola da minha época. Mãinha com certeza ainda era atendida em qualquer necessidade. Ali, o repasse de valores, cultura e tradição acreditava que íamos para escola para ampliar os nossos conhecimentos, concluir o ensino fundamental e médio e nos preparar para o mercado de trabalho. Essa era a crença dos pais em relação ao papel da escola, mas nem sempre é assim. A escola cumpria outros papéis, por isso foi fácil entender mais tarde o que Michel Foucault quis dizer com "*...Todo sistema de educação é uma maneira política de manter ou de modificar a apropriação dos discursos, com os saberes e os poderes que eles trazem consigo*".

A partir do raciocínio acima é que descrevo a escola do meu tempo. Ela era, então, muito relacionada com a centralidade dos conhecimentos na cultura eurocêntrica rígida, conservadora, muito diferente das escolas de hoje. As únicas semelhanças, a negação da história e cultura afro-brasileira e o racismo institucional impregnado nas suas estruturas. Naquela época era obrigatório o hasteamento da bandeira, ensinavam às crianças a respeitar os símbolos nacionais. Disciplinas como Educação Moral e Cívica faziam parte do currículo e não podíamos expressar as nossas opiniões no período pós-ditadura militar, anos setenta. As professoras eram geralmente da classe média, mulheres brancas que começavam a alcançar o direito de trabalhar fora de casa. Mesmo numa cidade como Salvador, de maioria negra, a regra era a mesma: a professora era filha de classe média branca, que começava a romper com a dominação masculina que as enclausurava no ambiente doméstico, nos cuidados com a família etc. Eram estas as criaturas que entravam em nossas salas de aula, subalternas, reprimidas – e as negras e negros eram raros –, sua tarefa era manter a ordem, reproduzir os valores racistas e sexistas da sociedade vigente e nos reprimir.

Ao se voltar para o relato acima, vocês hão de concordar que nesse ambiente escolar tudo eram tensão e conflitos. Os interesses eram diversos. As nossas mães e familiares desejavam ver apagadas da nossa história a mancha do analfabetismo; éramos as primeiras gerações dessas famílias negras com direito à escola pública gratuita. As professoras, com bastante esmero, queriam assegurar que nós não passaríamos de inocentes crianças sem possibilidades de sucesso; no máximo, necessitávamos absorver os valores brancos, que nos inferiorizavam e subalternizavam. E nós, crianças, desejávamos apenas nos divertir naquele ambiente novo.

Eu levava para a escola a minha experiência do dia-a-dia, os aprendizados da comunidade. Já possuía uma ideia sobre a fé, o respeito às pessoas e, cheia de expectativa com um novo espaço, ia esperançosa de ser percebida através da felicidade que trazia do meu lugar, porém não sabia o quão violento seria o tal do acesso à escola. Primeiro, tudo que eu considerava bom e interessante no meu bairro, elas olhavam com desdém e preconceito. Esse novo ambiente era pouco acolhedor, inóspito, era um campo de guerra, negação, negação, só negação. Parecia que precisavam me refazer, era tudo muito estranho, faltavam carinho e acolhimento na chegada. Recordo nitidamente dos olhares repreensivos, descrentes, como se desejassem perguntar: *O que faz aqui? De onde você vem? O que quer?* E eu, por outro lado, atônita, assustada, cabisbaixa, quase encolhida, não sabia o que fazer; a vontade era me esconder, fugir daquele lugar.

Foi na escola que me descobri feia, pois, até então, na minha comunidade, todas e todos me elogiavam. Eu sabia sambar com as perninhas grossas e sapateava animada, era um espetáculo! Foi na escola, após os conflitos/desentendimentos com os colegas, que ouvia os apelidos "nariz que o boi pisou", "beiço de mula", "bunda de geleia", "cabelo duro", "cabelo ruim". Todos estes atributos negativos tocavam fundo e ecoavam como um trombone nos meus ouvidos; eram como chicotadas e marcavam tanto que o desejo era mudar o nariz, apertar os lábios para diminuir o tamanho da boca. O resultado era fatal: a total negação do corpo, consequentemente, a negação de mim mesma. Ao comunicar à professora, ela sempre respondia: *Deixa isso pra lá, não liga não. É assim mesmo.* A única reação era sair na mão. Então, brigávamos entre nós, pois era um negro agredindo o outro em função dos apelidos que nos eram atribuídos. Era a forma de reagir aos apelidos racistas e, assim, aprendíamos a nos odiar, a ter desprezo por nós mesmos.

O sofrimento maior era a vontade de não voltar mais para a escola, a luta pela superação era demais. Mas, como explicar para Mãinha e Painho que eu não devia mais voltar para escola? Eles não iriam entender. A escola tinha valor para eles, significava um futuro melhor. O sentimento de impotência me tomava, eu precisava estudar para sair daquele lugar o mais rápido possível. Estudava muito, entretanto, não deixava passar um insulto. Eu respondia a todos os professores que me destratassem; eu respondia, ia para a secretaria; recebia suspensão, ficava no castigo. Essa era a forma de reagir a tudo aquilo.

Certa feita o diretor da escola foi visitar todas as salas após o recreio, sempre para chamar a atenção por causa do excesso de barulho, cumprimento do horário, fardamento etc. Naquele momento ele aproveitava para apontar algumas falhas nossas. Daí, ele olhou para mim e disse que a minha blusa estava suja, imunda, se eu não tinha vergonha de ir à escola com o uniforme sujo daquele jeito. Bem, eu tinha acabado de sair do recreio, suada, estava jogando *baleou*[1], então respondi: "Não, na minha casa não tem sabão". Todos e todas olharam para mim com o ar de apreensão e ele respondeu: "Quando encerrar o expediente vá até a secretaria que lhe darei um pedaço de sabão". Daí, ao terminar a aula eu fui buscar o sabão, na secretaria. Ao chegar, solicitei à secretária dele que me desse o sabão prometido pelo diretor. Ela disse: "Menina, vá embora, aqui não tem sabão. O diretor queria apenas chamar a sua atenção". Então, eu respondi: "Só saio daqui com o sabão, quem mandou ele prometer, me chamar de porca... ele tem que me dar o sabão". Eu insistia e a turma ficava de longe observando para ver qual seria o resultado. Por fim, fui embora, sem sabão. Depois entendi que aquele palhaço (o diretor) queria apenas me constranger diante da turma. Esse relato foi apenas um dos milhares de casos de discriminação, racismo e desrespeito, que ocorreu durante a minha vida escolar.

E assim se passaram os anos e não tinha sossego na escola, sempre estava metida em alguma confusão, em algum levante, questionamentos. Não tinha medo de ninguém. Ao revisitar a minha memória, não recordo de um gesto de afetividade, de fortalecimento vindo dos professores e professoras, apenas, reclamações: que eu não tinha jeito e que eu não daria para nada. Mesmo com resultados positivos nos esportes, trazendo medalha dos jogos estudantis, mesmo assim, nem os professores de Educação Física me acolhiam com carinho. O destaque sempre era para as meninas brancas. A única

---

1 Um jogo com bola. Dividíamos dois grupos com o mesmo número de pessoas e uma linha no centro que definia os lados. Quem pegasse a bola atirava na direção do outro grupo e se acertasse uma pessoa, gritava-se: *Baleou!*

parceira e amiga na escola era a Merendeira, sempre atenta para me trazer a merenda dos professores e me chamando a atenção com cuidado, como se eu fosse filha dela.

Considero que a minha vivência escolar foi desastrosa, perversa e com certeza deixou muitas sequelas que afetaram a minha formação enquanto pessoa, na dimensão existencial. Eu me tornei uma pessoa incrédula em relação as minhas capacidades e habilidades. Não desenvolvi a capacidade de me reconhecer positivamente. Fico constrangida quando sou elogiada, não gosto de ser homenageada, pois é como se não merecesse o reconhecimento e muitas vezes me pego tentando agradar às pessoas para mantê-las por perto.

De fato, a vivência e convivência num ambiente tão hostil produzem uma subalternidade e uma necessidade constante de superação e de se manter num estado de alerta sempre; sempre com a arma em punho para se defender. Tudo isso marcou profundamente a minha vida e as marcas ainda estão vivas no meu corpo, definindo as minhas atitudes e me surpreendendo. Ocorrem situações em que ao me debater com elas, pensando que já estavam superadas, nada, percebo que estavam apenas adormecidas, guardadas em algum lugar do subconsciente. Portanto, a autoestima, autoconfiança, resiliência, sei não, são desconstruídas, fragilizadas todos os dias, pelo racismo impregnado e disfarçado que permanece com o dedo apontado para nós.

Falta generosidade entre nós, precisamos nos fortalecer e vivenciar novas formas de ser, estar, viver e amar.

VALDECIR NASCIMENTO é soteropolitana, historiadora e mestre em Educação e Contemporaneidade. É ativista do Movimento Negro desde 1981 (MNU). Foi coordenadora executiva do CEAFRO – Profissionalização para Jovens e Adolescentes Negros de Salvador. Foi também Superintendente Estadual de Políticas para as Mulheres do Estado da Bahia. É consultora do PNUD, Direitos Humanos, Relações Raciais e de Gênero, coordenadora executiva do ODARA – Instituto da Mulher Negra e conselheira do CNPPIR e Professora da Universidade Federal do Recôncavo Baiano (UFRB).

Este livro foi composto em
tipologias Gentium, DK Crayon e
Aller. Foi impresso em papel
Offset 90g/m² (miolo)
e papel Cartão 300g/m² (capa),
no mês de abril de 2021.